Die Herausgabe dieses grossartigen Bildbandes wurde ermöglicht durch
die finanzielle Unterstützung der folgenden Institutionen und Unternehmen:

- Berner Kraftwerke BKW FMB AG
- Burgerschaft Naters
- Bundesamt für Umwelt, Wald und Landschaft (BUWAL)
- Gemeinden der Welterbe-Region Jungfrau-Aletsch-Bietschhorn
- Gletscherschlucht Rosenlaui AG
- Jungfraubahnen
- Kulturrat Kanton Wallis
- Lonza AG
- Loterie Romande
- Marketinggruppe Jungfrau-Aletsch-Bietschhorn
- Staat Wallis
- SWISSLOS - Lotteriefonds Kanton Bern

Impressum

Herausgeber:	UNESCO WELTERBE Jungfrau-Aletsch-Bietschhorn
Copyright 2005:	ALLVISIONS Lorenz Andreas Fischer
Vertrieb und Verkauf:	Rotten Verlag, Visp
Autor und Fotograf:	Lorenz Andreas Fischer, Luzern
Grafiker:	Felix Pfammatter, MDV Visp
Satz/Lithos/Druck:	Mengis Druck und Verlag AG, Visp
Buchbinder:	Buchbinderei Schumacher AG, Schmitten
ISBN:	3-907624-72-6

Lorenz Andreas Fischer

Atem der Berge

UNESCO WELTERBE
Jungfrau-Aletsch-Bietschhorn

Herausgeber:
UNESCO Welterbe Jungfrau-Aletsch-Bietschhorn

Meinen Eltern, für alles!

Vorwort

Liebe Leserin, lieber Leser

Im Oktober 2000 hatte mich ein Wintereinbruch mit Schnee und grimmiger Kälte vom Gornergrat vertrieben. Als Alternative wählte ich den rund 1000 Meter tiefer gelegenen Aletschwald, wo ich schon lange einmal fotografieren wollte. Ich war gespannt, das mir unbekannte Gebiet kennen zu lernen. Der Farbenrausch im Herbstwald, die vielen und wenig scheuen Tiere sowie die angenehm milde Sonne an der Südlage hatten mich sofort gefangen genommen. Ich war auf der Stelle verzaubert. Hier erfuhr ich auch von der angemeldeten Kandidatur zum UNESCO-Welterbe. Bald darauf war die Idee zu einem Buchprojekt geboren. Mein nicht ganz freiwilliger Aufenthalt auf der Riederalp wurde so zur Initialzündung für das vorliegende Werk.

In den folgenden Jahren verbrachte ich Wochen auf unterschiedlichsten Streifzügen durch das gesamte Gebiet des Welterbes. Manchmal mit Freunden auf Bergtouren, oft aber allein unternahm ich weite und einsame Wanderungen – immer auf der Suche nach dem idealen Licht und dem optimalen Standort. Auf angenehme Nächte in Berghotels oder SAC-Hütten folgten weniger gemütliche Biwaks auf luftigen Graten. Nicht selten machten mir Kälte, schlechtes Wetter und die Anstrengung das Leben schwer. Tausende Bilder sind auf diesen Touren entstanden. Nicht minder abenteuerlich und strapaziös gestaltete sich die Suche nach einem Verlag und anderen Partnern für dieses Buchprojekt. Auch diese Hürden konnten genommen werden.

Die Natur fasziniert mich. Fast noch spannender empfinde ich die Herausforderung, den Puls des Lebens auf Bilder zu bannen. Zusammen mit sorgfältig recherchierten Texten sehen Sie das Resultat auf den folgenden Seiten. Das Welterbe Jungfrau-Aletsch-Bietschhorn ist ein Gebiet von ausserordentlicher Schönheit und weltweiter Ausstrahlung. Wenn Sie beim Durchblättern das Vibrieren dieser Wildnis spüren, habe ich meine Arbeit gut gemacht. Bei Ihrem Streifzug durch das Welterbe wünsche ich Ihnen jetzt viel Vergnügen.

Luzern, im August 2005   *Lorenz Andreas Fischer*

Inhalt

Vorwort	5
Im Westen was Neues, im Osten auch	9
Karte UNESCO-Welterbe Jungfrau-Aletsch-Bietschhorn	10
Das Gebiet der ersten Stunde	14
Das Gebiet der zweiten Stunde	23
Geburtswehen eines Welterbes	28
Marmor, Stein und Eis ...	31
Das Auf und Ab einer Gebirgsregion	34
Das eisige Vermächtnis	38
Das ewige Hin und Her des Aletschgletschers	46
Eine Schatztruhe am Fuss der Jungfrau	50
Kolumbus und der alte Wald	53
Das Ende ist der Anfang	56
Der Gärtner und seine Lieblingspflanze	62
Das Gewimmel im lichten Gehölz	68
Eine Naturschutzidee setzt sich durch	72
Extremisten der Höhe	75
Die Kunst der Verführung und andere Strategien	78
Fit, Fett und Frostschutz	84
Mit Stahlspitzen und messerscharfen Kanten	90
Ein Hauch von Mittelmeer und Steppe	94
Babel im Berner Oberland	97
Belle Époque und mehr	100
Sie gingen durch den Berg	106
Die Wand	112
Forschung in luftiger Höhe	116
Ausgewählte Wanderungen und Skitouren	119
Karte zu Gletscherschluchten, Wanderungen,	
SAC-Hütten/Berghäuser	120
Wer alles dazugehört	145
Gemeinden aus dem Berner Oberland	146
Gemeinden aus dem Oberwallis	148
Kurz und bündig	153
Quellen	156
Nachwort und Dank	158

Im Westen was Neues, im Osten auch

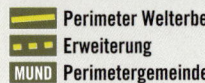

Das Gebiet der ersten Stunde

Seite 8/9
Aus dem Nebelmeer tauchen im letzten Licht des Tages Gebirgsrücken der Berner Voralpen auf (Schilthorn).

Seite 12/13
Die Abendsonne verzaubert das Gipfelplateau des Mönchs und die Spitze der Jungfrau.

Kennen Sie die Serengeti von Tansania, die Galapagosinseln vor der Küste Ecuadors oder den Grand Canyon im Südwesten der USA? Ihre Schönheit und naturgeschichtliche Bedeutung verleihen diesen Gebieten eine Ausstrahlung, die sie weltberühmt gemacht hat und der sich niemand entziehen kann. In allen drei Fällen handelt es sich um UNESCO-Welterbe-Stätten. Nur bedeutungsvolle Naturdenkmäler gewinnen den wichtigsten Schutztitel, den die Weltgemeinschaft vergeben kann. Seit einiger Zeit darf auch die Schweiz im Kreis der erlauchten Gesellschaft mitmachen: Im Dezember 2001 wurde die Gegend um die Jungfrau, den Aletschgletscher und das Bietschhorn zu einem UNESCO-Welterbe gekürt. In ganz Europa trifft man nur 20 Naturerbe für die Menschheit an, seit dem Jahr 2003 sogar ein zweites in der Schweiz am Tessiner Monte San Giorgio.

Die Region Jungfrau, Aletsch, Bietschhorn gehört zu den interessantesten und eindrücklichsten Gebirgslandschaften im gesamten Alpenraum. Neben den überwältigenden Naturschönheiten haben auch Dichter und Denker sowie die Pioniere von Naturwissenschaft, Tourismus und Alpinismus zum weltweiten Ruf der Gegend beigetragen. Ein Besucher von einst, der britische Philosoph und Alpinist Leslie Stephen (1832–1904), schildert seine Eindrücke mit folgenden Worten: «*Kein Gebilde der Natur, das ich jemals sah, ist vergleichbar mit der Erhabenheit jener überwältigenden Bergmauer, die, scheinbar in der Luft schwebend, sich dem entzückten Auge in Lauterbrunnen und Grindelwald zeigt. Die Hügel zu ihren Füssen stehen in einem höchst wirkungsvollen Gegensatz zur ernsten Grossartigkeit dieser Berge. Im ganzen Bereich der Alpen gibt es keinen Eisstrom, der den Adel des Aletschgletschers erreicht, wie er in einer königlichen*

Am Nachmittag sammeln sich üppige Quellwolken über dem einsamen Baltschiedertal.

*Seite 14
Föhnwolken beleben am Morgen den Himmel über den Berner Alpen mit der Pyramide des Finsteraarhorns (hinten links).*

Kurve sich herabschwingt von der Kammhöhe des Gebirges in die Wälder des Rhonetales. Und kein anderer Berg, keine der Nadeln der Mont-Blanc-Gruppe, noch selbst das Matterhorn besitzt eine schönere Linie als der Eiger, der wie ein Ungeheuer sich gen Himmel reckt.»

Die Sprache in diesem Zitat tönt aus heutiger Sicht etwas blumig. Aber Stephen bringt die Sache auf den Punkt. Die herausragende Schönheit im Gebiet von Jungfrau, Aletsch, Bietschhorn und die Einzigartigkeit der natürlichen Reichtümer liefern die Argumente für eine Aufnahme in den elitären Kreis der Welterbe-Stätten. An Gründen mangelt es nicht.

Wie eine grosse Mauer ragen die Nordwände der Berner Alpen aus dem sanft gewellten Kulturland unvermittelt in den Himmel. Vom grünen Talkessel bei Lauterbrunnen, wo die Kuhglocken bimmeln, bis auf den eisgepanzerten Gipfel der Jungfrau sind es auf kürzester Strecke über 3000 Höhenmeter! Die Kombination von steilen Wandfluchten in unmittelbarer Nachbarschaft zu den Siedlungen und Wiesen der Menschen steht weltweit ohne Vergleich da. Im Himalaja werden die Dimensionen zwischen den Dörfern und den Gipfeln des Hochgebirges zwar noch übertroffen. Man sucht dort aber vergeblich die dramatische Nähe, die das Berner Oberland so einzigartig macht.

Mit dem Aletschgletscher beherbergt das Welterbe den mächtigsten Eisstrom Europas, wenn wir Island ausklammern. Weder am Mont Blanc und interessanterweise auch nicht am Mount Everest trifft man längere Eiszungen an. Das am stärksten vergletscherte Gebiet im gesamten Alpenraum breitet sich ebenfalls hier aus. Die abwechslungsweise vorrückenden und wieder zurückweichenden Eismassen demonstrieren augenfällig den steten Wandel in alpinen Lebensräumen. Die Gletscher sind wichtige Zeugen der Klimageschichte und werden bei Forschungsarbeiten über die Klimaerwärmung in Zukunft noch mehr an Bedeutung gewinnen.

*Seite 16/17
Nach einer kalten Herbstnacht bricht die Morgensonne durch die Wolkendecke und lässt die vereisten Fusshörner im warmen Licht aufleuchten.*

Die grossen Höhenunterschiede und die damit verbundene klimatische Vielfalt führen zu einer Vielzahl an verschiedenen Lebensräumen. Die Wetterscheide an den Berner Alpen mit der Zweiteilung in Nord- und Zentralalpen und die verschiedenen Gesteinsarten fördern diesen Reichtum zusätzlich. Eine grosse Vielfalt an Tier- und Pflanzenarten existiert im Welterbe deshalb auf einer verblüffend kleinen Fläche nebeneinander.

Was gehört nun eigentlich zu diesem Welterbe? In einer ersten Phase wurde ein Areal von rund 540 km^2 mehrheitlich alpiner und hochalpiner, vom Menschen kaum genutzter Lebensräume ausgeschieden. Lediglich 15% der Fläche liegen unterhalb von 2000 Metern. Seine Berge zählen mit 9 Viertausendern zu den höchsten Erhebungen in den Alpen, nur übertroffen von den Gipfeln zwischen dem Saastal und dem Val d'Entremont im Wallis sowie dem Mont-Blanc-Massiv in Frankreich. Im Gebiet liegen Berge mit so klingenden Namen wie Eiger, Mönch und Jungfrau, aber auch Schreckhorn, Bietschhorn oder Aletschhorn. Fels und Eis dominieren. Der weitaus grösste Teil des Gebiets liegt unter einem Eispanzer. Im Wesentlichen handelt es sich um das Einzugsgebiet des Aletschgletschers, des Oberaletschgletschers, des Fieschergletschers und des Langgletschers, zusammen mit den benachbarten Gipfeln und Graten. Im nordöstlichsten Zipfel fügt sich das Gebiet des Unteren Grindelwaldgletschers an. Der südwestliche Teil bildet das Bietschhorn mit den vier weit nach Süden auslaufenden Tälern Joli, Bietsch, Baltschieder und Gredetsch. Im Norden reicht das Gebiet bis unter den Wandfuss der berühmten Berner Nordwände und schliesst in einem Bogen das hintere Lauterbrunnental mit ein. 15 Gemeinwesen teilen sich das Gebiet auf, darunter 2 Berner sowie 13 Walliser Gemeinden. Rund 125 km^2 der Fläche liegen im Kanton Bern, die übrigen 415 km^2 entfallen auf den Kanton Wallis.

Die weite Fläche des Konkordiaplatzes liegt über einer mehr als 1000 Meter mächtigen Eisdecke.

*Seite 18
Im Gebiet des Aletschwaldes neigt sich der Tag über dem Sparrhorn und Hohstock mit einer dramatischen Wolkenstimmung dem Ende entgegen.*

Kennen Sie den würzigen Harzduft im Aletschwald mit seinen koboldhaften Tannenhähern, den eleganten Gämsen und scheuen Hirschen? Haben Sie das Ächzen und Stöhnen des talwärts strömenden Aletschgletschers schon einmal vernommen und die kolossale Masse des kilometerlangen Eisstromes hautnah erlebt? Ist Ihnen die himmelwärts strebende Wucht der Eigernordwand auch vom Wandfuss aus bekannt? Gehen Sie hin, besuchen Sie das Welterbe Jungfrau-Aletsch-Bietschhorn! Schauen, staunen, riechen und fühlen Sie! Im Norden wie im Süden erlauben perfekt ausgebaute touristische Infrastrukturen eine einfache Annäherung. Sie können leichte oder anspruchsvollere Wanderungen unternehmen und von diversen anderen Angeboten profitieren. Der Zugang ins Innere des Welterbes ist allerdings meist mit Schweiss verbunden. Häufig ist auch hochalpine Erfahrung nötig. In vielen Fällen empfiehlt sich die professionelle Begleitung durch einen Bergführer oder eine Bergführerin. So oder so, Sie werden reiche Erlebnisse mit nach Hause tragen.

Das Gebiet der zweiten Stunde

Noch bevor das Gebiet der ersten Stunde den Titel eines UNESCO-Welterbes erhält, finden Gespräche über eine Erweiterung statt. In der Region Grimsel einigt man sich auf das Einzugsgebiet der Aargletscher, das Bächlital sowie den Gruebengletscher. Der Obere Grindelwaldgletscher und die gesamte Wetterhorngruppe bis zu den Engelhörnern sind im östlichen Bereich ebenfalls mit von der Partie. Im Westen stehen die Blüemlisalpgruppe bis zum Doldenhorn, der Kanderfirn und einige zusätzliche Bereiche im Lötschental zur Debatte. Damit steigt die gesamte Fläche um über 52% auf rund 824 km² an. Neu sind 26 Gemeinden am Welterbe beteiligt. Rund 354 km² entfallen mit 8 Gemeinden auf den Kanton Bern, die übrigen 470 km² mit 18 Gemeinden auf den Kanton Wallis. Der Erweiterungsantrag wird zusammen mit einem ausführlichen Managementplan für das gesamte Gebiet zurzeit bearbeitet. Nach Einreichen der Unterlagen darf man im Jahr 2007 mit einem Entscheid der zuständigen UNESCO-Kommission rechnen. An einer zustimmenden Behandlung der Eingabe zweifelt niemand.

Wenn man die neue Grenze auf einer Karte betrachtet, fallen zwei Kuriositäten auf: Im Osten fehlt das gesamte Gauligebiet, während im Westen die Linie einen Bogen um weite Teile des Gastertals macht und auch die Gipfelgruppe von Balmhorn, Altels und Rinderhorn ausklammert. Dort konnten sich die Vertreter des Bundes mit den betroffenen Gemeinden und Privatpersonen nicht auf einen Grenzverlauf einigen. Aus der Perspektive der landschaftlichen Schönheit und des naturschützerischen Wertes hätten allerdings beide Gebiete die Auszeichnung eines Welterbes verdient. Auch unter Berücksichtigung der natürlichen Landschaftsgliederung hätten sie mit einbezogen werden müssen. Möglicherweise findet in nicht allzu ferner Zukunft eine dritte Erweiterungsrunde statt, bei der diese «Grenzfälle» behandelt werden. Vielleicht braucht es noch ein wenig Zeit, bis die letzten Berührungsängste überwunden sind. Sich abzeichnende Vorteile im touristischen Sektor könnten ablehnende Überlegungen bald in den Hintergrund drängen.

Das erweiterte Welterbe verblüfft durch eine ganze Reihe von speziellen und höchst interessanten Naturphänomenen. Die Wetterverhältnisse gebärden sich beispielsweise sehr gegensätzlich: Am Nordrand stauen sich die Luftmassen, die vom Atlantik in unser Land ziehen, nach einer Reise über flaches Land unvermittelt an einer Mauer aus Fels und Eis auf. Viele und intensive Niederschläge gehen deshalb auf die nördlichen Alpen nieder. Den absoluten Rekord hat man am Mönch gemessen. Im Jahr 1940 waren es hier fast 6000 Liter pro Quadratmeter. Das entspricht etwa der sechsfachen Menge des Mittellandes. In vielen tropischen Feuchtgebieten, wo sich üppige Wälder ausbreiten, regnet es sogar deutlich weniger. Natürlich fallen am Mönch die meisten Niederschläge in Form von Schnee. Der reichliche Schnee erklärt die ausgedehnten Eispanzer und Gletscherströme, die man in dieser Mächtigkeit nur hier findet. Die höchste Windgeschwindigkeit der Schweiz hat man übrigens mit einer Böenspitze von rund 285 km/h ebenfalls in unmittelbarer Nachbarschaft zum Mönch auf dem Jungfraujoch gemessen.

Da das Wallis von allen Seiten durch hohe Gebirge abgeschirmt ist, kommt die Luft dort meist ausgeregnet und trocken an. In Visp, nur 30 Kilometer Luftlinie vom Wetterfänger Mönch entfernt, stellt man mit rund 600 mm fast zehnmal weniger Niederschlag fest. Die trockene Luft beschert viel Sonnenschein, aber auch grosse Temperaturunterschiede: Ohne Bewölkung heizt die Sonne am Tag kräftig ein. In der Nacht kann die Wärme aber ebenso ungehindert wieder ins Weltall entweichen.

Die zerklüftete Gebirgslandschaft offenbart dem Kenner die dramatischen geologischen Prozesse, die während etwa einer halben Milliarde Jahren Erdgeschichte das Gesicht des heutigen

Die schroffe Kalkmauer des Scheideggwetterhorns spiegelt sich im Hornseeli.

*Seite 20/21
Durch den Dunst des Abends zeichnet sich die harmonische Gipfelgruppe der Blüemlisalp ab.*

Die rund geschliffenen Granitplatten und die Moorseelein verleihen dem Grimselgebiet einen eigenen Reiz. Am Horizont ragen die Zacken der Gärstenhörner sowie der Tieralplistock in den Abendhimmel.

Mitteleuropas geprägt haben. Wüsten, Meere und Gebirge sind gekommen und wieder gegangen. Heute stehen die Berge als gar nicht stumme Zeugen der vergangenen Zeiten da. Die unnahbare Fassade der Berner Oberländer Nordwände besteht aus Kalkgestein, das vor langer Zeit in einem Meer abgelagert worden ist. Unvorstellbare Kräfte aus dem Erdinneren haben den ehemaligen Meeresboden in die Höhe gestemmt und die weltbekannte Kalkmauer aufgetürmt. Daher kann man heute versteinerte Muscheln und andere Meerestiere selbst auf den höchsten Gipfeln finden. Den grössten Teil des Welterbes dominiert jedoch ein mehr als 300 Millionen Jahre altes europäisches Grundgebirge aus mehrheitlich granitartigen Gesteinen. Die Granitplatten an der Grimsel kennen Sie möglicherweise aus eigener Erfahrung. Bei der Alpenfaltung ging alles ein wenig drunter und drüber. Jungfrau und Mönch tragen daher über dem Kalk aus dem Meer interessanterweise eine «Mütze» aus granitartigem Gestein des alten europäischen Gebirges.

Der Kamm der Berner Hochalpen bildet die kontinentale Wasserscheide. Regentropfen oder Schneeflocken auf der Nordseite finden ihren Weg über Aare und Rhein in die Nordsee. Südlich davon fliesst das Wasser mit der Rhone ins Mittelmeer. Der Wasserreichtum und die im Eis gebundenen Vorräte bilden für die Schweiz und für viele Länder Europas wichtige Rohstoffe, sei es für die Nutzung der Wasserkraft oder sei es als Speicher für die Trinkwasserversorgung.

Die zerrissenen Gletscher prägen das Bild einer wilden Alpenwelt und spielen eine wichtige Rolle als Attraktion für den Tourismus. Können Sie sich die Alpen ohne Gletscher vorstellen? Experten sind sich einig: Praktisch alle Gletscher werden in den nächsten Jahren weiter zurückschmelzen. Vielleicht müssen wir uns daran gewöhnen, dass nur noch die höchsten Alpengipfel einmal mit Eis bedeckt sein werden.

Die Morgensonne taucht die Flanken des Brünbergs in goldenes Licht. Im Hintergrund erhebt sich die weisse Mauer des Schreck- und Lauteraarhorns über dem Grimselsee.

Die Eispanzer haben aber nicht nur die ersten Touristen in die Berge gelockt, sondern ebenso Gelehrte und Wissenschaftler. Das Welterbe Jungfrau-Aletsch-Bietschhorn gilt daher als Wiege des Fremdenverkehrs und der Alpenforschung. Als Tummelplatz für Alpinisten geniesst das Gebiet einen legendären Ruf. Nicht nur die Pioniere fanden hier lohnende Ziele. Die Tragödien in der Eigernordwand haben das Berner Oberland in der ganzen Welt bekannt gemacht und den Mythos Eiger zementiert. Mit der Erstdurchsteigung der Wand fand das «letzte Problem der Alpen» eine Lösung und die Epoche des klassischen Alpinismus ihr Ende. Nicht nur als Naturraum, sondern auch als Schauplatz wichtiger Leistungen und Entwicklungen des Menschen spielt das Welterbe eine herausragende Rolle. Auf den nächsten Seiten erfahren Sie mehr darüber!

*Seite 26/27
Hoch über dem Oeschinensee schickt mitten aus der schroffen Felswand eine Quelle einen zauberhaften Wasserfall in die Tiefe.*

Geburtswehen eines Welterbes

Viele Hindernisse mussten die Befürworter überwinden, bis das Welterbe Jungfrau-Aletsch-Bietschhorn Realität werden konnte. Verhandlungsgeschick und vor allem sehr viel Geduld wurden den engagierten Leuten auf diesem Weg abverlangt, der oft im Zickzackkurs verlief und nicht nur einmal in einer Sackgasse zu enden drohte. Beständige Arbeit und grosser Einsatz führten aber nach gut 15 Jahren Hürdenlauf schliesslich über die Ziellinie. Das Welterbe präsentiert sich nicht als Werk eines Einzelnen. Verschiedene Institutionen, Gruppierungen, Einzelpersonen und möglicherweise auch ein veränderter Zeitgeist haben ihren Beitrag dazu geleistet.

Die Ursprünge reichen bis ins Jahr 1972 nach Paris zurück, wo die Organisation der Vereinten Nationen für Bildung, Wissenschaft, bination der bisher isoliert arbeitenden Wissenszweige wirksamere Strategien für die nachhaltige Nutzung und den Schutz von natürlichen Reichtümern. Den Bedürfnissen der lokalen Bevölkerung galt darin ein besonderes Augenmerk. Unter dem Biosphärenprogramm ernannte man Bruno Messerli im Teilbereich Gebirge zum Präsidenten des Schweizerischen Nationalkomitees. Messerli war Professor am Geografischen Institut der Uni Bern und als internationale Grösse eine anerkannte Forscherpersönlichkeit. Vier Gebiete mit Modellcharakter wurden in der Schweiz als zukünftige Schwerpunkte ausgewählt. Darunter befand sich auch das Aletschplateau mit seiner Umgebung. Die Feldforschung fand in den Jahren 1979–84 statt. Im Rahmen dieser Arbeiten wurde in der Projektleitung erstmals die Idee eines schweizerischen Welterbes diskutiert.

Die doppelte Zunge des Blüemlisalpgletschers.

Reflexion des Bietschhorns.

Kultur und Kommunikation, besser bekannt unter der Bezeichnung UNESCO, ihren Sitz hat. Mit Besorgnis hatte man damals zur Kenntnis nehmen müssen, dass viele Kultur- und Naturgüter von weltweiter Bedeutung ernsthaft bedroht waren. In der 17. Vollversammlung nahmen die Mitgliedsstaaten daher die Konvention zum Schutz des Kultur- und Naturgutes der Welt an. In diesem Dokument wurden die Rahmenbedingungen für die Welterbe-Stätten festgelegt, wie beispielsweise ihre rechtliche Stellung oder die Verbindlichkeiten für die Staaten. Auch die Schweiz hatte das Papier unterzeichnet. 1978 wurden die ersten Welterbe-Stätten bezeichnet, darunter die bekannten Galapagosinseln. Später folgten beispielsweise der Grand Canyon in den USA oder 1983 die Altstadt von Bern nach. Bis heute konnten weltweit lediglich 160 Gebiete die Anerkennung als UNESCO-Naturerbe erlangen. Zwei davon befinden sich in der Schweiz, nämlich Jungfrau-Aletsch-Bietschhorn und Monte San Giorgio.

1971 wurde ebenfalls von der UNESCO das Programm Mensch und Biosphäre (Men and the Biosphere, MaB) lanciert. Dieses Programm verfolgte erstmals einen gemeinsamen Forschungsansatz zwischen Natur- und Sozialwissenschaften. Man erhoffte sich durch die Kom-

In der Folge vermochte Messerli die zuständige Behörde, das Bundesamt für Umwelt, Wald und Landschaft (BUWAL), für seine Welterbe-Idee zu begeistern. Der verantwortliche Mitarbeiter Raymond-Pierre Lebeau begann ab 1985 am Fundament für das Vorhaben zu zimmern. Bereits vorher hatte das BUWAL 1983 die Berner Hochalpen und das Aletsch-Bietschhorn-Gebiet in das *Bundesinventar der Landschaften und Naturdenkmäler von nationaler Bedeutung (BLN)* aufgenommen. In der basisdemokratischen Schweiz geht fast nichts ohne eine breite Zustimmung in der Bevölkerung. So nahm Lebeau mit den betroffenen Gemeinden im Wallis Tuchfühlung auf und versuchte, die Idee und Vorzüge eines Welterbes schmackhaft zu machen. Vor Ort hielt man jedoch gar nichts von diesem Ansinnen. Lebeaus Initiative provozierte vor allem Widerstand und Ablehnung. Vielleicht weckte er auch einen schlummernden Abwehrreflex, der sich einige Zeit vorher durch eine von seinem Amt abgewiesene Baueingabe aufgebaut hatte. Ohne die Zustimmung der Gemeinden wollten sich auch die Kantonsbehörden nicht engagieren. Die Idee fiel vom Tisch. Im Hintergrund lebte sie weiter.

Gut 10 Jahre später bot das Europäische Naturschutzjahr 1995 die Gelegenheit zu einem neuen Anlauf. In der Zwischenzeit hatte

Meinrad Küttel das Dossier beim BUWAL übernommen. Das Geschehen verlagerte sich nun allerdings zusätzlich ins Berner Oberland. Mit dem begeisterungsfähigen Hotelier Andrea Cova aus Wengen und Jim Thorsell von der Internationalen Naturschutz-Union (IUCN) erhielt die Befürworterseite engagierte und kompetente Mitstreiter. Cova hatte schon lange die Idee eines Jungfrau World Monuments gehegt und griff als alternative Idee das Welterbe gerne auf. Trotz dieser Unterstützung kam das Projekt aber auch bei einigen Bernern zuerst gar nicht gut an. Kontroversen ergaben sich insbesondere bei einem möglichen Grenzverlauf für das Schutzgebiet, denn noch hegte man den Traum einer wintersportlichen Erschliessung des Rosenhorngebietes und wollte sich nichts verbauen lassen. Sowieso hegte man im Berner Oberland wie im Wallis gegen die Behörden von Bundesbern und Paris eine gehörige Portion Misstrauen. Doch die Front der kategorischen Neinsager begann beidseits der Berge langsam zu bröckeln. Viele idealistische Personen aus den Gemeinden organisierten sich in Regionalkomitees und fingen an, Lobbyarbeit für das Projekt zu betreiben. 1998 war der Boden so weit vorbereitet und das Projekt auch entscheidungsreif, dass seitens des BUWAL eine offizielle Anfrage an die Kantone Bern und Wallis ergehen konnte. Noch im gleichen Jahr erteilte der Kanton Bern seine zustimmende Antwort. Der Grimselverein forderte sogar die zusätzliche Integration der noch nicht vorgesehenen Aargletscher.

Auf der anderen Seite der Berge dauerte der Meinungsbildungsprozess etwas länger. Mit Beharrlichkeit konnten aber mit der Zeit auch hier die Gegner überzeugt werden. Plötzlich ging dann alles Schlag auf Schlag. Im Frühling 2000 kam aus dem Wallis das Okay, und zwar nicht nur für das Aletschgebiet, sondern gleich auch noch für die Bietschhornregion. Im BUWAL wurde man von diesem plötzlichen Elan ein wenig überrascht und gleichzeitig war man erfreut. Im Eiltempo bereitete das Amt den erforderlichen Beschluss des Bundesrates vor, den dieser am 28. Juni 2000 genehmigte. Der eingereichte Antrag aus der Schweiz umfasste nur gerade eineinhalb A4-Seiten, verbunden mit dem Versprechen, die fehlenden Unterlagen nachzuliefern. Die Eingabefrist für die nächste Evaluationsrunde bei der UNESCO wäre nur zwei Tage später am 30. Juni abgelaufen! Etwa gleichzeitig meldete überraschend auch die Gemeinde Kandersteg ihr Interesse am Welterbe an.

Das Paket mit dem Antragsdossier wurde bis Mitte August geschnürt. Um die Sache nicht unnötig zu verkomplizieren, blieb man beim vorgesehenen Gebiet. Die Erweiterungen um die Aargletscher in Richtung Grimsel und um die Blüemlisalp sollten in einer zweiten Phase berücksichtigt werden. Nach der positiven Prüfung durch Vertreter der IUCN mit entsprechender Empfehlung an das Welterbe-Komitee der UNESCO konnte das Gebiet Jungfrau-

Guggigletscher mit Jungfrau.

Der «Üssre Baltschiedergletscher» oberhalb der Baltschiederklause.

Aletsch-Bietschhorn als erstes Naturerbe der Alpen im Dezember 2001 in die Welterbe-Liste aufgenommen werden. 15 Jahre hatte das Ringen darum gedauert, und man kann heute sagen, was lange währt, wird endlich gut!

Marmor, Stein und Eis…

Das Auf und Ab einer Gebirgsregion

Wenn glutflüssige Lava bei einem Vulkanausbruch in die Höhe schiesst oder ein starkes Erdbeben Häuser zum Einstürzen bringt, wird uns dramatisch vor Augen geführt, wie es unter der scheinbar ruhigen Oberfläche ständig brodelt und kocht. Abgesehen von solchen extremen Ereignissen, hat die Erde von jeher ein sehr turbulentes Leben geführt. Die Zeiträume, in denen sich diese Veränderungen abspielen, sprengen jedoch menschliches Vorstellungsvermögen. Es geht um dutzende, ja hunderte von Millionen Jahren. Könnte man die Erdgeschichte von einem Kinosessel aus dem All auf eine Stunde verkürzt betrachten, würde es an Dynamik und Action zweifellos nicht fehlen. In Sekunden würden ganze Kontinente auseinander gerissen und später wieder miteinander kollidieren. Ozeane würden verschwinden und an anderer Stelle Ozeane neu entstehen. Die Festlandmassen würden auf der Erdoberfläche treiben wie Eisschollen auf einem See durch das Spiel des Windes. Sie lägen mal in Polnähe und später wieder beim Äquator. Diese Kräfte haben auch die Alpen aufgetürmt. Ein Blick weit zurück in die Vergangenheit unserer Erde ist nötig, wenn man die Entstehung der Berge im Welterbe verstehen möchte.

Die Oberfläche unserer Erde ist kein einheitliches Gebilde. Geologen unterscheiden zwei grundsätzlich verschiedene Typen von Erdkruste: Ozeanische Krusten bestehen hauptsächlich aus einem Gestein, das sich Basalt nennt. Sie sind verhältnismässig schwer und lediglich etwa fünf bis zehn Kilometer dick. Kontinentale Krusten hingegen bestehen vor allem aus den beiden Gesteinen Gneis und Granit, sind verhältnismässig leicht, jedoch 30 bis 40, unter grossen Gebirgen sogar bis zu 70 Kilometer dick. Beide Krustenarten schwimmen, in verschiedene Platten zerstückelt, wie Flosse auf einem feurigen Meer. Aus dem Erdinneren aufsteigendes, heisses Mag-

Seite 30/31
Am Abend beleuchten einzelne Sonnenstrahlen die Windung des Aletschgletschers und die Flanken am Bettmergrat.

Seite 32/33
Noch spendet die Dämmerung Helligkeit am Mittellegigrat und Schreckhorn, während das Nebelmeer einen Ausläufer in die Talmulde des Unteren Grindelwaldgletschers hineinschickt.

Im Süden des Welterbes, wie hier am Aletschgletscher, prägen granitartige Gesteine und weniger schroffe Wände das Landschaftsbild.

Seite 34
Die weltberühmte Front von Eiger, Mönch und Jungfrau besteht aus Kalkgestein, das sich vor Millionen Jahren in einem Ozean namens Tethys ablagerte. Reflexion im Burgseelein.

ma kühlt gegen die Oberfläche ab und sinkt seitlich wieder zum Kern zurück. So entsteht ein Förderband, das die Krustenteile auf Trab hält. Das heisse Erdinnere befeuert nicht nur Vulkane, sondern setzt auch Erdplatten in Bewegung.

Ozeanische Kruste trifft man, wie der Name schon vermuten lässt, vor allem als Böden der grossen Ozeane an. Da die Platten aber ständig in Bewegung sind und miteinander kollidieren, findet man durchaus auch Platten, die aus beiden Krustenteilen bestehen. Neue ozeanische Kruste entsteht beispielsweise in diesen Sekunden im Atlantik im so genannten Mittelozeanischen Rücken. Dort werden zwei Platten auseinander gerissen, Magma steigt empor und erkaltet zu neuem Meeresboden. Europa und Amerika entfernen sich dadurch im Jahr um zwei Zentimeter. Nicht viel? In lächerlichen 50 Millionen Jahren sind das 1000 Kilometer!

Vor etwa 250 Millionen Jahre sind wieder einmal alle kontinentalen Krustenteile schön brav miteinander vereint. Pangäa heisst der Superkontinent. Aber nichts ist von Dauer. Die Einheit beginnt zu bröckeln. Zwei junge Ozeane tun sich auf und trennen die Landmassen. Das nördliche Laurasia besteht aus dem späteren Nordamerika, Europa und Asien. Der südliche Teil, Gondwanaland, umfasst die übrigen Kontinente und auch Indien, das erst viel später mit Asien zusammenprallen wird. Im jungen Atlantik und in der Tethys, so das andere Meer, bildet sich wie heute im Mittelozeanischen Rücken ständig neue ozeanische Kruste aus Basalt. Die Meere trennen die beiden Grosskontinente in einem immer breiter werdenden Korridor, der von Osten nach Westen verläuft.

Kennen Sie Eiger, Mönch und Jungfrau aus der Nähe? In diesem Fall haben Sie ehemaligen Meeresboden der Tethys angeschaut. Meere sind die Geburtsstätten von Kalkstein. Alle Kalkgebirge der Welt haben ihren Ursprung auf Meeresböden oder in grossen Seen. So wird auch am

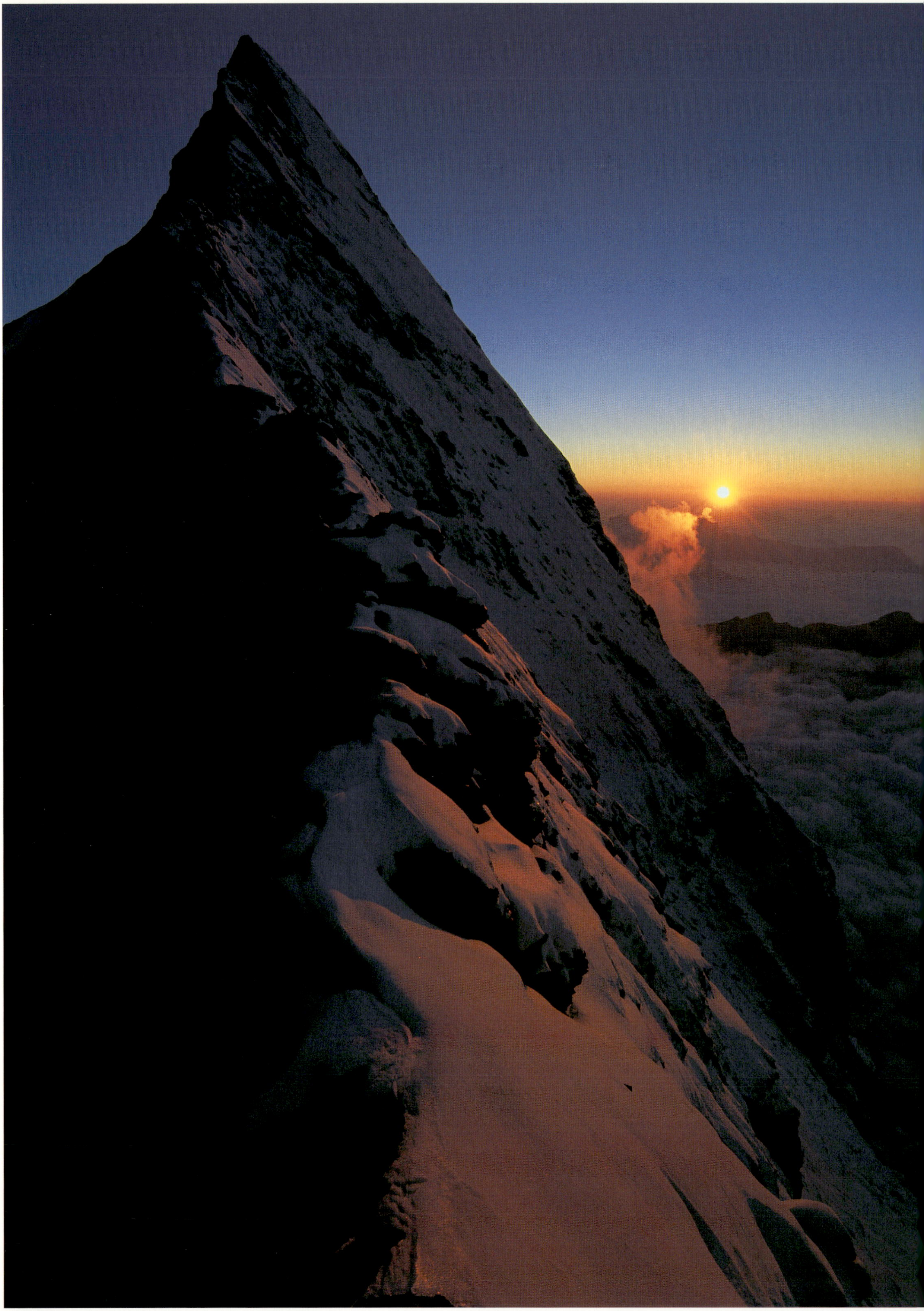

Grund der jungen Tethys eine Kalkschicht nach der anderen der ozeanischen Basaltkruste aufgelagert. Im Laufe der Jahrmillionen kommen mächtige Depots zusammen, nicht nur aus Kalk, sondern auch aus Geröll oder anderem Material, das ins Meer gespült wird. Heben Erdkräfte die Meeressedimente in die Höhe, entstehen daraus neue Gebirgszüge. Die Schichtung tritt heute an vielen Orten gut sichtbar zutage. Experten können sie deuten. War das Meer tief, ruhig und klar, handelte es sich um ein tropisches oder gemässigtes Gewässer, trieben viele Schwebeteilchen im Wasser, wie etwa im Mündungsbereich grosser Flüsse, besiedelten Korallen die Flachwasserzonen? All das lässt sich auch Millionen Jahre später aus dem Gestein ablesen.

Aus der Tethys hätte etwas Grosses werden können. Aber die Launen der Natur wollen es anders. Die Afrikanische Platte ändert ihre Stossrichtung und driftet nun plötzlich wieder nach Norden mit Kollisionskurs auf Europa. Dadurch beginnt die Tethys zu schrumpfen. An ihrem südlichen Ufer wuchtet sich die leichtere kontinentale Kruste von Afrika über die schwerere ozeanische Kruste der Tethys und zwingt diese in die Tiefe. Wenn zwei so kolossale Flosse aufeinander treffen, fliegen die Fetzen! Auf ihrem Tauchgang werden der Tethyskruste die leichteren Sedimentschichten abgestreift, ein wenig vergleichbar den Schuppen beim Säubern eines Fisches. Mit der Zeit tauchen durch die sich auftürmenden «Hobelspäne» Inseln aus dem Meer auf. Die ersten Vorboten der Alpen. Sofort nagen Wind und Wetter an diesen jungen Landmassen. Die schwere basaltische Meereskruste taucht hingegen fast vollständig in den oberen Erdmantel ein und schmilzt in seiner Hitze weg – die Geschichte der Alpen ist auch die Geschichte vom Werden und Vergehen der Gesteine.

Vor etwa 60 Millionen Jahren bleibt in unseren Gefilden nur noch ein flaches, kleines Meer übrig. Ein vorausdriftender Splitter des afrikanischen Kontinents hat auf seiner Reise in Richtung Norden schon fast den gesamten Meeresboden überfahren. Er wird bald mit der kontinentalen Kruste von Europa zusammenprallen und auch Teile davon unter sich begraben. Damit beginnt die eigentliche Bildung der Alpen. Die Grusskarte aus Afrika wird später einmal Italien und Balkan heissen. Unter dem enormen Druck und den hohen Temperaturen tief in der Erdkruste werden die Gesteinsschichten plastisch wie Zahnpasta. Komplizierte Rückfaltungen finden statt. Irgendwann hat der angehäufte Gesteinspfropf zwischen der afrikanischen Vorhut und Europa eine solche Mächtigkeit erreicht, dass die Verbindung zur Kruste abreisst. So geschehen vermutlich vor 25 bis 40 Millionen Jahren. Vom Zug nach unten befreit, schiessen die Alpen nun in die Höhe, wie eine Tauchente, die zurück an die Oberfläche treibt. Pro Jahr wachsen unsere Berge auch heute noch einige Millimeter in die Höhe. Kaum der Rede wert? In weniger als 20 Millionen Jahren sind das 50 Kilometer! Natürlich waren die Alpen nie so hoch, denn zeitgleich nagen die Erosionskräfte am Gestein.

Wie bereits gesagt, werden Sie am nördlichen Rand des Welterbes vor allem Kalkgebirge der Tethys antreffen können. Im südlichen Teil sind diese Sedimente weitgehend wegerodiert. Von der Grimsel über das Aletschhorn bis zum Bietschhorn treten hauptsächlich Granite und Gneise der europäischen Kruste ans Tageslicht. Falls Sie Lust verspüren, können Sie übrigens auch heute noch in den Resten der Tethys baden gehen. Sie müssen sich allerdings beeilen. In wenigen Millionen Jahren wird das Mittelmeer verschwunden und Afrika einträchtig mit Europa vereint sein.

Im Übergang von Licht und Schatten schwingt sich der Mittellegigrat zum Gipfel des Eigers hinauf. Weil Afrika auf Europa drückt, wurde die 1800 Meter hohe Nordwand rechts davon aufgetürmt.

Das eisige Vermächtnis

Kennen Sie Günz, Mindel, Riss und Würm? Es handelt sich nicht etwa um ein kabarettistisches Quartett oder eine Formation aus dem Showbusiness, sondern um Flüsse in Süddeutschland. Damit werden im Alpenraum aber auch die vier letzten Perioden mit markanten Gletschervorstössen bezeichnet. Seit gut 2,5 Millionen Jahren brechen über unseren Planeten immer wieder Zeiten herein, in denen das Klima in den Keller rutscht und Gletscher ihre Eispanzer ins Tiefland schieben. Im Moment leben wir nur in einem warmen Intermezzo. Die nächste Eiszeit kommt bestimmt!

Die periodisch vordringenden Gletscher haben die Naturgeschichte im Alpenraum in jeder Beziehung geprägt. In kalten Phasen wurden fast alle Pflanzen und Tiere in den Bergen ausgelöscht. Einige schafften es, im Tiefland am Rand der grossen Eisschilde oder in südlich gelegenen Gebirgen zu überdauern. Wenigen Spezialisten gelang sogar der erfolgreiche Rückzug auf eisfrei gebliebene Gipfel. Viele gingen jedoch zugrunde. Bei einer anbrechenden Warmzeit waren die Karten für die Wiederbesiedlung der alpinen Lebensräume hinter den zurückweichenden Gletschern jedes Mal neu gemischt. Allmählich sah die Flora und Fauna auf den ersten Blick wie vor der Eiszeit aus, nur dass viele ursprüngliche Arten fehlten und neue hinzugekommen waren. Die Gletscher haben aber auch der Landschaft ihren Stempel aufgedrückt, indem sie beispielsweise Trogtäler ausgehoben oder grosse Moränen abgelagert haben.

Die vorläufig letzte Eiszeit, die Würm-Eiszeit, geht vor rund 10 000 Jahren zu Ende. 3000 Jahre später herrscht sogar ein sehr mildes Klima. Einige Wissenschaftler glauben, dass in der folgenden Warmzeit die Alpen komplett eisfrei waren. Zumindest lag die Eisgrenze wesentlich

Im 18., vor allem aber im 19. Jahrhundert begannen Wissenschaftler die Welt der Gletscher zu erforschen. Dazu gehörten auch Ausflüge in ihre Unterwelt. Höhle am Oberaletschgletscher.

*Seite 38
Über 40% des Welterbes Jungfrau-Aletsch-Bietschhorn liegen unter einem Eispanzer, wie die zerborstenen Abbrüche oberhalb der Station Eismeer eindrücklich demonstrieren.*

höher als heute. Dies belegen Funde von Baumstämmen und anderen pflanzlichen Überresten, die man weit über der heutigen Baumgrenze entdeckt hat. In den letzten 3000 Jahren ist das Klima wieder kühler geworden. Langsam wandelten sich die Alpen zu dem uns vertrauten Lebensraum. Ob die heutigen Gletscher verkümmerte Zeugen der letzten grossen Eiszeit oder Produkte der neuerlichen Abkühlung sind, spielt für Sie wohl eine untergeordnete Rolle. Fest steht, dass das Welterbe mit einer Fläche von etwa 350 km^2 die grösste, zusammenhängende Eismasse im gesamten Alpenraum beherbergt. Der Grosse Aletschgletscher, der Fieschergletscher, der Oberaletschgletscher, der Untere Grindelwaldgletscher und der Unteraargletscher gelten in dieser Reihenfolge flächenmässig als die mächtigsten Eisströme im Gebiet. Mit über 80 km^2 Fläche und über 23 km Länge dominiert der Grosse Aletschgletscher unter den Giganten deutlich.

Die schroffe, eisige Welt des Gebirges, mit den abweisenden Zacken, den unberechenbaren Felsstürzen und Eislawinen, den nebelumwallten Türmen und unvermittelten Wetterfronten, erschien den Menschen in früheren Zeiten schauerlich. Es war der Ort der Dämonen und teuflischen Kräfte. Der grosse italienische Dichter Dante Alighieri (1265–1321) beschreibt in der *«Göttlichen Komödie»* die Hölle in ihrem abscheulichsten Inneren als grabeskalten Ort voller Eislöcher, ständig umfegt von einem durchdringenden Wind, der sogar Tränen gefrieren lässt. Selbst der Leibhaftige steckt bis zur Brust im Eis. Die mittelalterliche Furcht vor dem Gebirge weicht im 18. und beginnenden 19. Jahrhundert einer geradezu schwärmerischen Alpenromantik und Naturbegeisterung. Pioniere machen sich in die Welt des Hochgebirges auf und stellen erstaunt fest, «dass alle Eistäler gangbar sind, und dass man ohne Gefahr mehrere Wochen auf diesem Eismeer zubringen kann». Die Alpen und ihre Gletscher rücken ins Zentrum des Interesses, nicht nur von Gelehrten und Wissenschaftlern.

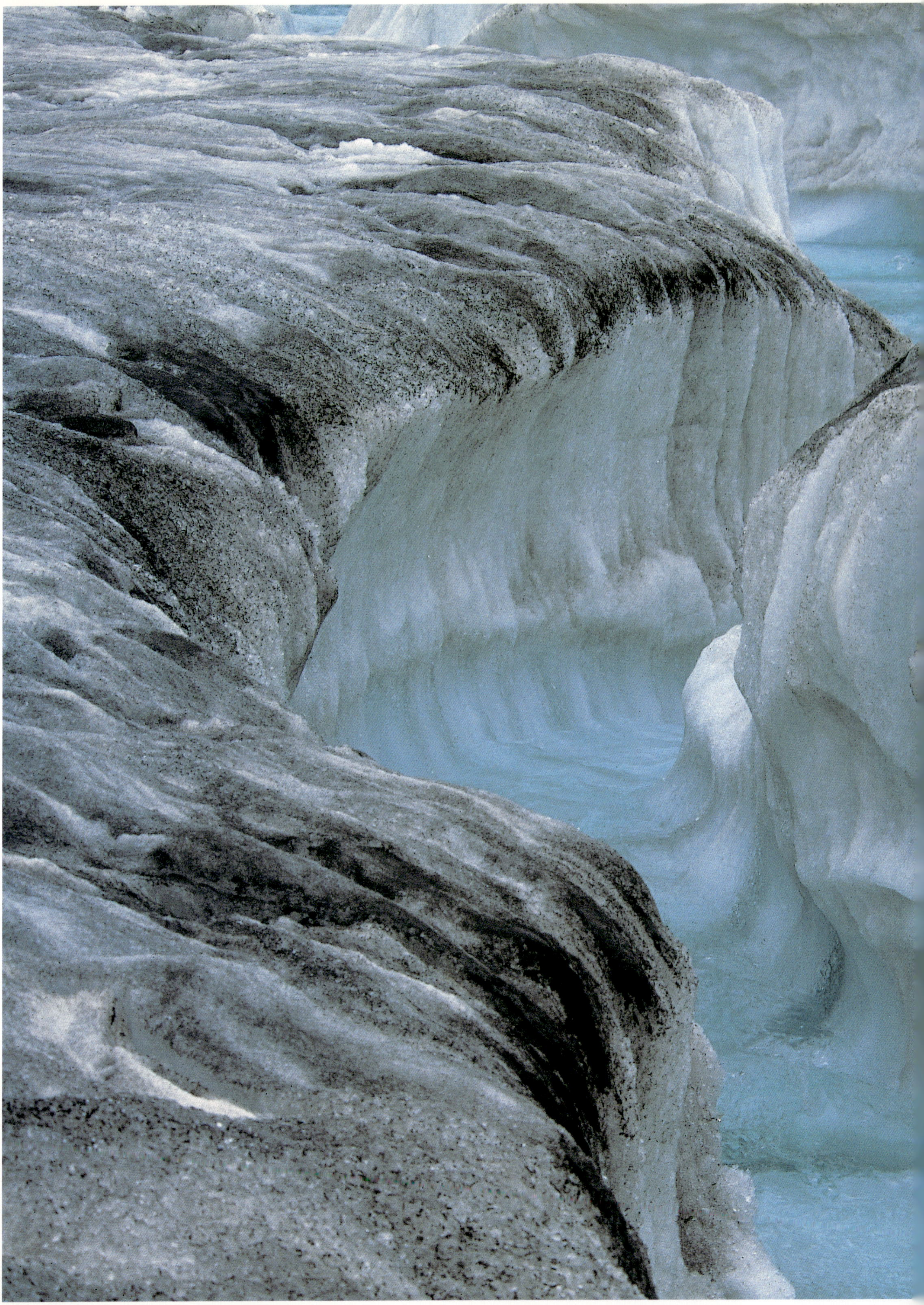

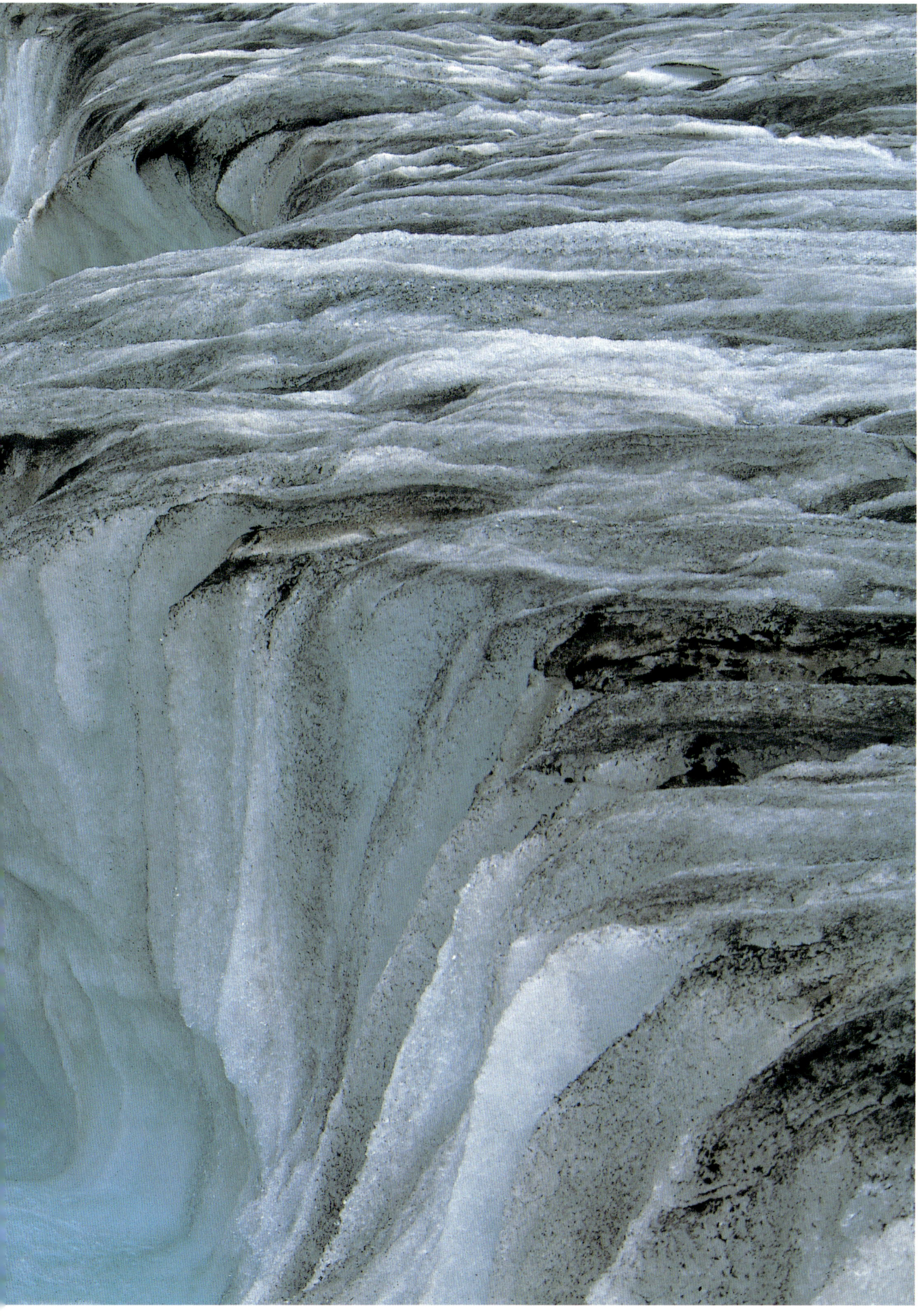

Die eindrücklichsten Gletschertische kann man beim Konkordiaplatz beobachten. Auch die Gebrüder Meyer, Gletscherforscher und Erstbegeher der Jungfrau, sind hier vorbeigekommen.

*Seite 40/41
Schmelzwasserbäche fressen sich in die Oberfläche ein, bis sie bei einem Schwundloch in die Tiefe stürzen und ihren Weg unterirdisch zum Gletschertor finden. Konkordiaplatz.*

Haben Sie schon einmal den Hugi-Sattel, das Agassiz-Joch oder etwa das Studer-Horn bestiegen? Alle diese Orte und noch viele mehr tragen die Namen von wichtigen Alpenpionieren. Der Solothurner Franz Josef Hugi (1796–1855) nahm am Unteraargletscher erste systematische Messungen vor. Einige Zeit vor ihm hatte allerdings bereits 1773 ein einfacher Ziegenhirt am rasch vorstossenden Grindelwaldgletscher den ersten experimentellen Nachweis für die Gletscherbewegung erbracht. Der Freiburger Wissenschaftler mit Weltruhm Jean Louis Rodolphe Agassiz (1807–1873) führte auf den Spuren Hugis mit seinem Team eine weitere, langjährige Messkampagne auf dem Unteraargletscher durch. Die Forscher hausten unter einem grossen Felsbrocken mitten im Gletscher und nannten das Lager nicht ohne Ironie «Hôtel des Neuchâtelois». Das scheinbar spröde Gletschereis fliesst und wälzt sich, einem Förderband gleich, gen Tal. Das konnte Agassiz in seiner Forschungsarbeit zweifelsfrei belegen, und es lieferte Munition für die von ihm und anderen revolutionären Vordenkern aufgeworfene Eiszeitentheorie. Gletscher im Mittelland? Das konnten sich die Menschen – selbst Grössen der damaligen Wissenschaftswelt – in dieser Zeit aber dann doch noch nicht vorstellen. Teuflisches vermochte Agassiz im Gletschereis nicht mehr auszumachen. Vielmehr handelte es sich seiner Ansicht nach um «die grosse Pflugschar Gottes»! Vom Teufel zu Gott, das ist eine beachtliche Karriere! Die Gletscher sind das Lieblingskind vieler Wissenschaftler geblieben. Seit über hundert Jahren werden verschiedene Gletscher in der Schweiz systematisch beobachtet, vermessen und erforscht. 1957 hat man am Jungfraujoch in der Schweiz erstmals Firnschichten angebohrt, um ihr Alter anhand von so genannten Radioisotopen zu bestimmen. Je nach vorherrschendem Klima verändert sich die Zusammensetzung von natürlich vorkommenden, radioaktiven Elementen in der Luft. Die im Eis konservierten Luftbläschen archivieren so die Verhältnisse der vergangenen

In abflusslosen Mulden staut sich Schmelzwasser zu Tümpeln auf. Die Formen des marmorierten Gletschereises bilden einen lebhaften Rahmen dazu. Aletschgletscher.

Zeiten. Um eine Verfälschung durch eindringendes Schmelzwasser auszuschliessen, hat man solche Kernbohrungen in den Alpen später nur noch in höheren Lagen, beispielsweise am Fieschersattel oder auch am Mont Blanc, vorgenommen.

«Daten über die Längenänderung sind für 120 Gletscher verfügbar», erklärt Andreas Bauder, der als wissenschaftlicher Mitarbeiter an der ETH Zürich unter anderem für das Schweizer Gletscher-Messnetz zuständig ist, «und an einigen ausgewählten Gletschern führen wir aufwändigere Messungen zu Massenbilanz, Volumenänderung und Oberflächenbewegung durch.» Die Gletscher werden mit routinemässigen Tiefflügen der Landestopographie, mithilfe von Satellitentechnik und neuerdings mit Laserstrahlen ausgespäht. Aber einfache Stangen und schweisstreibende Handarbeit vor Ort sind auch heute noch nötig. Praktisch alle Gletscher in der Schweiz befinden sich im Krebsgang. «Im schlimmsten Fall werden bis in hundert Jahren mehr als 50% des Eisvolumens verschwunden sein», meint Bauder weiter, «aber Prognosen sind schwierig, weil man nicht genau weiss, wie sich die möglicherweise intensiveren Niederschläge auswirken werden.» Gletscher ganz weit oben? Vielleicht in gar nicht allzu ferner Zukunft eine Realität!

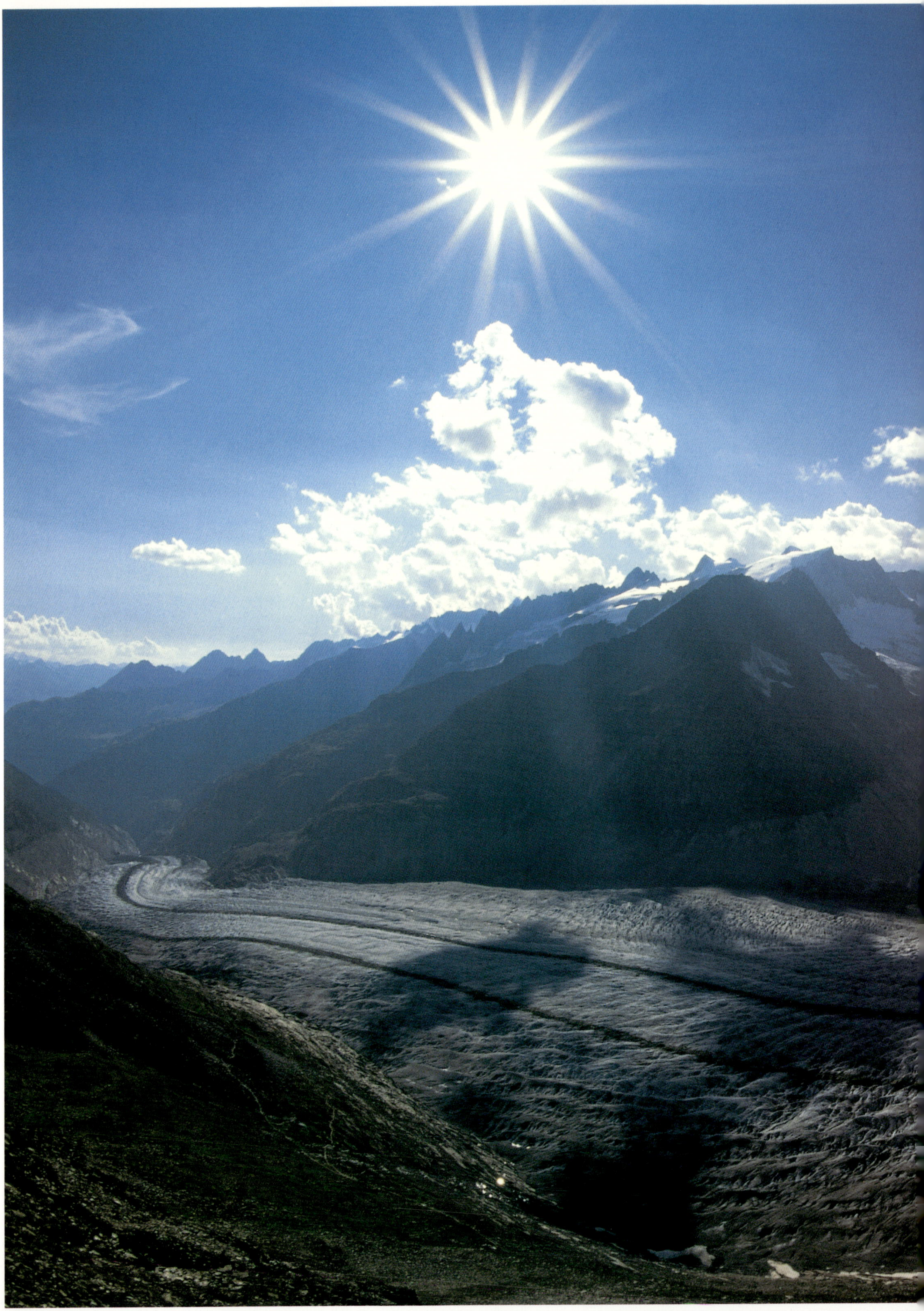

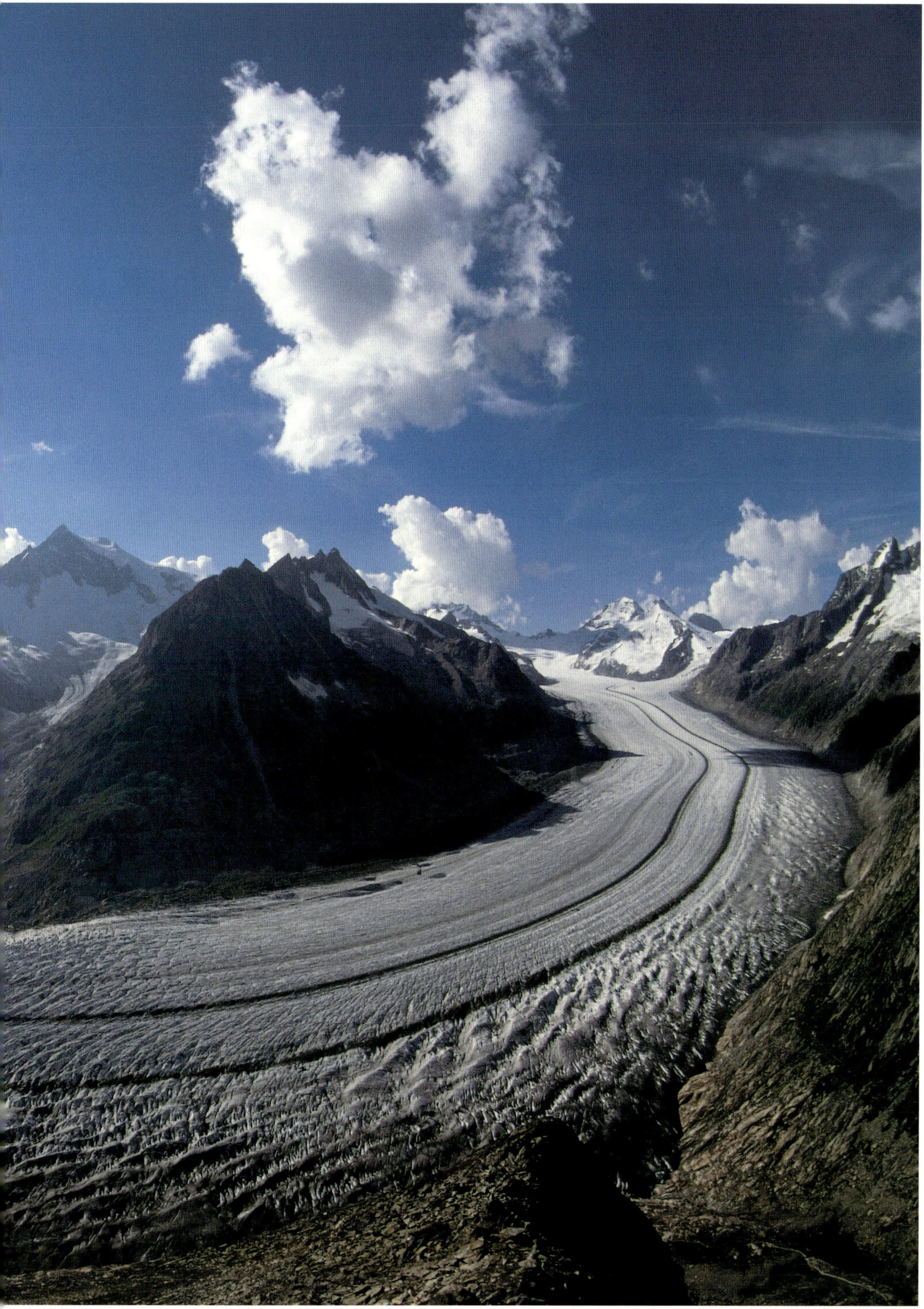

Das ewige Hin und Her des Aletschgletschers

«Salomea de Vineis schenkt ihrem Schwiegersohn Peter de Alpibus alles, was ihr in Russen und Blatten gehört, sowie 12 Pfennig (Grundzins) bei Alech...» [1]

Man schreibt das Jahr 1231. Irgendwo im Rhonetal greift ein Notar zu Gänsekiel und Tinte und bringt die Zeilen dieser Schenkungsurkunde auf ein Stück Pergament. Fortan ist der Begriff Aletsch (= Alech) aktenkundig. Der Gletscher und seine Umgebung werden für die Historiker greifbar. Die Natur allerdings kennt andere Dimensionen. «Man darf die Geburtsstunde des Aletschgletschers durchaus bei rund 2,5 Millionen Jahren vor unserer Zeitrechnung mit Beginn des Eiszeitalters ansetzen», meint Hanspeter Holzhauser, wissenschaftlicher Mitarbeiter und Dozent am Geografischen Institut der Universität Zürich. Er muss es wissen, beschäftigt er sich doch seit gut 22 Jahren mit der Naturgeschichte des Grossen Aletschgletschers.

Vor 2,5 Millionen Jahren kühlt das Klima auf der Erde merklich ab. In den Alpen fällt der erste Schnee. Vorerst vermag die Sommersonne noch alles wegzuschmelzen. Später bleibt die weisse Pracht liegen, an Schattenhängen zuerst, dann überall in höheren Lagen. Eine Schicht lagert sich über die nächste. Unter dem Druck bersten die Schneekristalle, das Gewicht quetscht die luftumspülten Hohlräume zusammen. Eindringendes Schmelzwasser formt und verfestigt die Körner weiter. Der lockere Schnee wird zur festen Masse, später zu Firn und nach Jahren zu Eis. Das erste Gletschereis in den Alpen. Bald kriechen eisige Zungen die Alpentäler hinab.

Seite 44/45
23 km Eis am Stück! Vom Gipfel des Eggishorns lässt sich der gesamte Aletschgletscher vom Jungfraujoch bis zum Zungenende überblicken.

---

[1] Jean Gremaud, 1875: Urkundensammlung des Wallis, Bd. 1, S. 293

Nächtliches Panorama vom Aletschgletscher bis zum Matterhorn. In den letzten 3300 Jahren ist der Gletscher achtmal vorgestossen und wieder zurückgewichen. Den möglicherweise markantesten Rückzug werden wir in unserer Epoche erleben.

*Seite 46
Der schmelzende Aletschgletscher gibt Stämme von Bäumen frei, die er in kälteren Phasen überrollt hat. Gletscherrandseelein in der Nähe der Riederalp.*

Auch wir kriechen und kraxeln im steilen Gelände herum. Nicht in Felsflanken, sondern auf den staubbedeckten Schutthalden, die der Aletschgletscher auf seinem Rückzug freigegeben hat. Mit scharfem Blick rastert Hanspeter Holzhauser die Umgebung. Sein Interesse gilt nicht möglichen Tieren oder etwa Mineralien. Seine Beute sind Baumstümpfe. Fossile Hölzer vergangener Wälder, die der Gletscher auf seinen Vorstössen überfahren hat und die jetzt wieder zum Vorschein kommen. «Natürlich weiss kein Mensch, ob der Gletscher in den letzten 2,5 Millionen Jahren nicht auch wieder einmal vollständig abgeschmolzen ist», gibt er mit einem Augenzwinkern zu. Aber für die letzten 3300 Jahre hat der «Gletschermann» eine zuverlässige Datenreihe erarbeitet. Jahrringe von Bäumen sind sein wichtigstes Instrument. An lebenden Bäumen in der Umgebung des Gletschers konnte er ein repräsentatives Jahrringmuster erarbeiten, das rund 650 Jahre zurückreicht. Die Jahrringe dieser Bäume sind vergleichbar, weil sie alle unter denselben klimatischen Bedingungen gewachsen sind. Findet er bei fossilen Stämmen aus dem Moränenwall überlappende Abschnitte, geht die Zeitreise weiter in die Vergangenheit zurück. Er hat Glück. 3300 Jahre fügen sich nahtlos aneinander. «Ich habe acht Vorstösse des Gletschers nachgewiesen, vier davon ausgeprägte, einen mässigen und drei geringe», fährt Holzhauser fort, während wir auf unserer Spurensuche weiter im losen Blockschutt herumturnen. Interessant sind natürlich auch die Rückzüge. Um das Jahr 1150 v. Chr. herrscht ein ungewöhnlich mildes Klima. Das Zungenende liegt im Vergleich zu heute rund 600–1000 Meter weiter hinten. Auch im so genannten Mittelalterlichen Klimaoptimum in der Spanne von 800–1300 n. Chr. zeigen sich die Wettergötter von der gnädigen Seite. Der Gletscher erreicht etwa seine heutige Ausdehnung. Dann bricht unerbittlich die Kleine Eiszeit herein, die zwischen ca. 1300 bis 1850 Mitteleuropa in ihrem eisigen Griff hält. In den Bergen fällt viel mehr Schnee, als unten Eis wegschmelzen kann. Jahr für Jahr stösst der Gletscher weiter ins Tal hinab. Der Mittelaletsch- und Oberaletschgletscher verbinden ihre Stirnen mit dem Hauptstrom.

Bald bedroht der Eispanzer auf seiner rechten Seite die Alpwirtschaften Inneres und Üssers Aletschji. Um das Jahr 1380 können die Bergbauern allerdings aufatmen: Der Gletscher erreicht seinen Höchststand rund drei Kilometer tiefer als heute, etwa in der Mitte des Stausees Gibidum, und verschont die Alpen weitgehend. Langsam weicht die kalte Zunge in ihrem Bett wieder zurück. Doch der Gletscher holt lediglich Luft für einen neuen Anlauf. In der zweiten Hälfte des 17. Jahrhundert, spitzt sich die Lage wieder zu. Um die rasant vorrückenden Eismassen zu bannen, suchen die gebeutelten Bergbauern von Naters bei himmlischen Mächten Beistand. Sieben lange Tage predigen im Jahr 1653 zwei zu Hilfe gerufene Jesuitenpatres den verschreckten Menschen ins Gewissen. Am Sonntag steigt die Bittprozession zum Gletscher hoch. Abwechslungsweise schwellen innige Gebete und hingebungsvoll vorgetragene Lieder in den Äther. Am Sitze des Übels errichten die Menschen eine Säule, auf der der heilige Ignatius von Loyola thront. Die Segnungen und Beschwörungen sind von Erfolg gekrönt. Ab 1678 weicht der Gletscher zurück. Für eine Weile, jedenfalls. Denn im 19. Jahrhundert sind Alpweiden, Hütten und Wege zum dritten Mal in Gefahr. Im Jahr 1818 errichten die Bauern am Rand der Eismassen gletscherbannende Holzkreuze. Man sieht sie heute noch auf der Baselflie und am äussersten Sporn der Obfliejeregga. Vielleicht ist das Buhlen um die Gunst des Himmels diesmal zu wenig intensiv. Die Eiswalze zerschrammt eine Alphütte im Üsseren Aletschji. Die übrigen allerdings bleiben verschont. Auch die unterste, die Hütte der alten Schmidtjia, die der Sage nach den armen Seelen des Aletschgletschers Eintritt in ihre wärmende Stube gewährt haben soll. Seit dem Höchststand von 1859/60 schmilzt der Gletscher jedoch bis heute beständig zurück. Erst zögerlich, in den letzten Jahren beschleunigt.

Glück für Hanspeter Holzhauser. Denn im jährlich neu auftauchenden Moränenschutt findet er seine Hölzer. «Vielleicht werden jetzt Bäume frei, die vor über 3300 Jahren gewachsen sind. Die Gletschergeschichte liesse sich noch weiter zurückverfolgen», meint er während unseres Aufstiegs von den kahlen Halden hinauf in den lichtdurchfluteten Aletschwald. Im Rucksack trägt er die Ausbeute des Tages: ein paar Holzscheiben, die er unten im Schweisse seines Angesichts abgesägt hat. Vielleicht können diese Hölzer das Wissen über den Gletscher und seine Geschichte mehren. Der Blick schweift noch einmal zurück auf den scheinbar ruhenden Koloss und an den gegenüberliegenden Hang mit den Alpweiden. Deutlich hebt sich das kahle Band des letzten Hochstandes mit der scharfen Begrenzungslinie zur zusammenhängenden Vegetation ab. Rund 330 Meter über dem heutigen Gletscher. Und man erkennt auch einen in den Fels gehauenen Weg, der abrupt an der wilden Oberaletsch-Schlucht endet. «Dies ist der alte Übergang vom Üsseren zum Inneren Aletschji», erklärt Holzhauser. «Die Bauern konnten ihr Vieh damals direkt über die eisgefüllte Schlucht auf die andere Seite treiben.» Hinter dem zurückweichenden Giganten haben sich nun jähe Abgründe aufgetan; der bequeme Weg musste aufgegeben werden. Auf seinen Vorstössen hatte der Gletscher nicht nur Fluch, sondern teilweise auch Segen gebracht.

Die beiden Mittelmoränen verleihen dem Aletschgletscher sein unverwechselbares Aussehen.

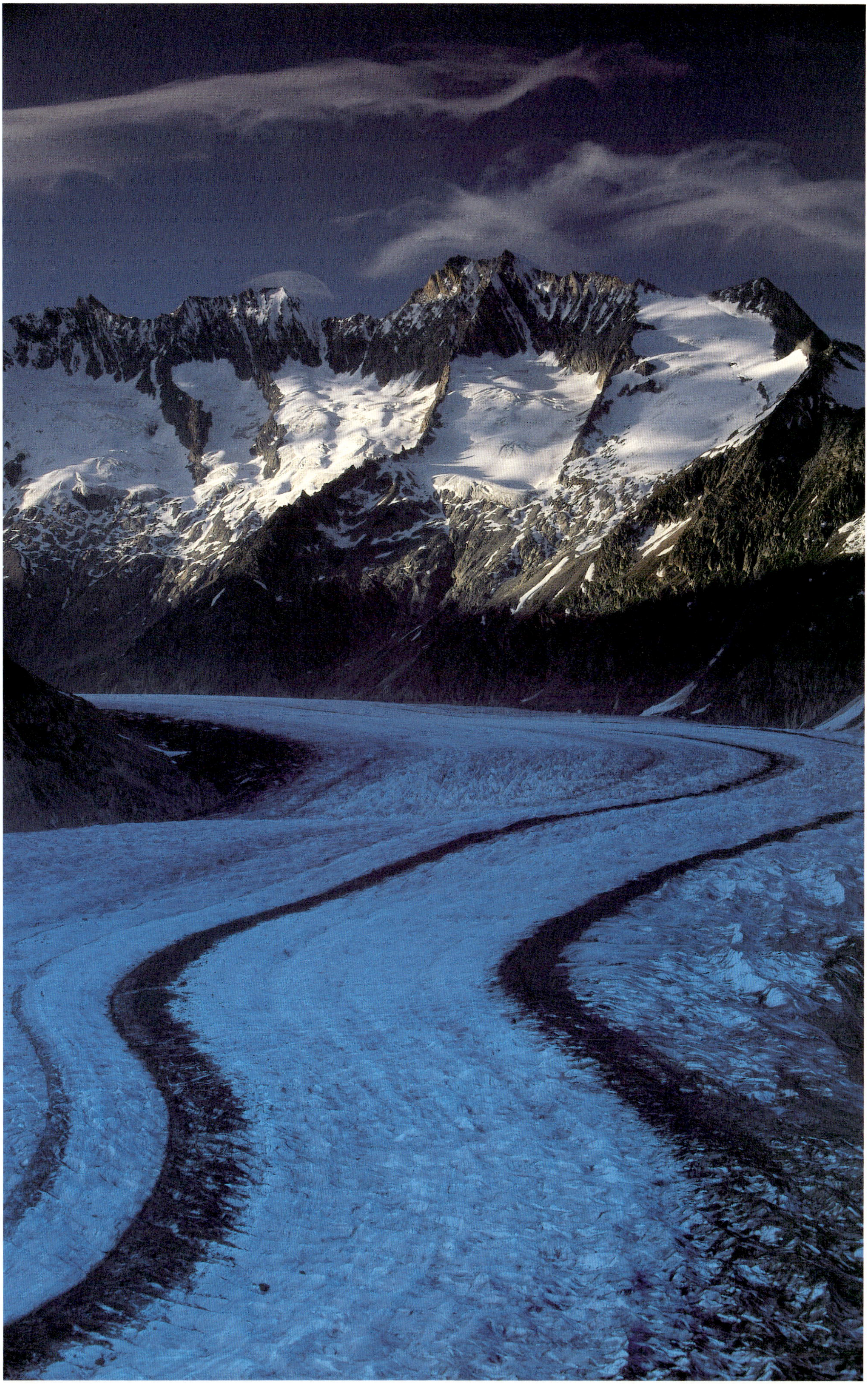

Eine Schatztruhe am Fuss der Jungfrau

Durch hohe Felswände verborgen, nimmt man im Talboden bei Lauterbrunnen kaum etwas vom Kessel des hinteren Lauterbrunnentals wahr. Nur die höchsten Berge, wie die Eisflanke des Grosshorns, kann man in dem schmalen Taleinschnitt erkennen. Auffällig sind aber, nicht weit vom Dorf entfernt, die vielen spektakulären Wasserfälle, die sich über lotrechte Flanken mehrere hundert Meter in den grünen Talboden ergiessen. Das Spiel des Wassers hatte in der Blütezeit viele Touristen angelockt. Auch der berühmte deutsche Dichter Johann Wolfgang von Goethe (1749–1832) empfand 1779 während seiner zweiten Reise durch die Schweiz grosses Entzücken bei diesem Anblick. Der Staubbachfall inspirierte ihn zum Gedicht «*Gesang der Geister über dem Wasser*».

Panorama mit Grosshorn, Breithorn und Tschingelhorn.

Breithorn sowie die charakteristischen beiden Türme von Wetterhorn und Chanzel.

Goethe besuchte gemäss seinen Tagebuchnotizen auch das hintere Lauterbrunnental und die Landschaft hatte ihn gefangen genommen. Die engen Wände treten weiter hinten im Tal mit zunehmender Höhe zurück und geben den Blick auf ein offenes Amphitheater aus schnee- und eisbedeckten Gipfeln frei. Auf der linken Seite erhebt sich direkt über dem Talgrund in einer mächtigen Flanke die Jungfrau. Mit über 1000 Meter hohen Fels- und Eiswänden umrahmt sie zusammen mit dem Gletscherhorn und der Äbeni Flue das fast kreisrund eingefasste Rottal. Die majestätischen Mauern von Mittaghorn, Grosshorn und Breithorn schwingen sich im Süden ebenfalls über 1000 Meter in die Höhe. Das stark vergletscherte Tschingelhorn und die nackten Felsfluchten des Gspaltenhorns und des Ellstabhorns schliessen die Arena nach Westen und nach Norden ab. Mächtige Gletscherpanzer stossen von den hohen Bergen ins Tal hinab. Daraus ergiessen sich unzählige Bäche und Wasserrinnen, mitunter über hohe Felsstufen. Es ist ganz offensichtlich, wir befinden uns im Tal der lauteren Brunnen! Einen eindrücklichen Ausblick kann man beim Obersteinberg geniessen. Umgeben von Wiesen und Wäldern, präsentieren sich die Berner Hochalpen in allen Himmelsrichtungen von ihrer attraktivsten Seite. Kein Wunder, dass bereits im 19. Jahrhundert gerade hier das Berghotel Obersteinberg errichtet wurde. Es ist heute noch in Betrieb und immer einen Besuch wert.

Funde aus prähistorischer oder vormittelalterlicher Zeit sind im Lauterbrunnental nicht bekannt. Die frühen Siedler erreichten vermutlich erst im Mittelalter das Gebiet und liessen sich, wie auch im benachbarten Grindelwald, zuerst in höheren Lagen nahe der Baumgrenze nieder. Der waldige Talgrund wurde erst später in Beschlag genommen und gerodet. Man nimmt an, dass einige Gemeinwesen im Lauterbrunnental von Walsern aus dem Lötschental erschlossen wurden. Die vereiste Wetterlücke zwischen Tschingelhorn und Breithorn war ein viel begangener Übergang. Bis ins 19. Jahrhundert herrschte ein reger Austausch mit dem Wallis, der erst 1895 nach dem Bau der Mutthornhütte über den längeren, aber einfacheren Petersgrat erfolgte. In einem Dokument von 1346 werden diese Orte erstmals erwähnt: «… die genemmet sint die Lötscher und gesessen sint ze Gimmelwald, ze Murren, ze Luterbrunnen, ze Trachsellowinen, ze Sichellowinen, ze Amerton …» Von diesen Dörfern ist Ammerten vollständig erloschen, teilweise in Ruinen aber noch erhalten. Die Menschen lebten weitgehend als Selbstversorger von Viehzucht und Ackerbau. Im Hochmittelalter gewann die Milchwirtschaft mit verstärkter Käseproduktion für den Export zunehmend an Bedeutung. Bereits im Mittelalter wurde im hinteren Lauterbrunnental Bergbau betrieben. Die Förderung der Erze schwang sich im 18. und 19. Jahrhundert zu einem wichtigen Industriezweig auf, der Siedlungen und Verarbeitungsstätten mit bis zu 18 Gebäuden hervorbrachte. Kurz nach dem Hotel Trachsellauenen trifft man rechts auf die Überreste eines Schmelzofens und von Wohnhäusern der Minenarbeiter. Rund 200 Meter weiter oben befindet sich das alte Stollensystem. Eine Orientierungstafel erklärt die Hintergründe. Auch der aufblühende Fremdenverkehr erlaubte ab dem 19. Jahrhundert alternative Erwerbsmöglichkeiten.

Dank der relativ schlechten Zugänglichkeit und der ungünstigen Topografie blieb das hintere Lauterbrunnental von Installationen für den modernen Massentourismus verschont. Der menschliche Einfluss beschränkte sich weitgehend auf die Nutzung der Alpweiden und auf die Jagd. Der Wasserreichtum und der enge Einschnitt oberhalb Trachsellauenen lockten in der ersten Hälfte des 20. Jahrhunderts aber Kraftwerksbauer an. Ein konkretes Staudammprojekt wurde jedoch nie aufgelegt. 1947 konnte der Schweizerische Bund für Naturschutz (heute Pro Natura) eine Alpliegenschaft mit vier Alpen oder Stafeln und sieben Hütten erwerben. Damit waren die gröbsten Gefahren für den Naturraum gebannt. Eine nachhaltige Alpwirtschaft zu Füssen der weitgehend unberührten Bergwelt sowie eine sanfte touristische Infrastruktur ohne Fahrweg ins Tal hinein prägen das hintere Lauterbrunnental bis heute.

Die ausserordentliche Schönheit der Landschaft und der Reichtum an verschiedenen Tier- und Pflanzenarten schlugen sich in verschiedenen Schutzbeschlüssen nieder. Das Gebiet ist im *Bundesinventar der Landschaften und Naturdenkmäler von nationaler Bedeutung (BLN)* und in den Bundesinventaren für Moore und Trockenwiesen eingetragen. Teile des Gebietes geniessen zusätzlichen kantonalen Schutz. Weil Kalkgesteine und granitartige Gesteine auf engstem Raum und in überraschender Abfolge anzutreffen sind, präsentiert sich hier die Geologie besonders interessant – aber auch entsprechend kompliziert. Die geologische Vielfalt spiegelt sich in einer grossen Artenvielfalt bei den Pflanzen und vermag auch das scheinbar wilde Durcheinander von kalkliebenden neben säureliebenden Pflanzen zu erklären. Hier kann man beispielsweise mit dem Frauenschuh die grössten und augenfälligsten einheimischen Orchideenblüten antreffen. Sie bevorzugt kalkhaltige Böden. Biologen haben im hinteren Lauterbrunnental 30 unterschiedliche Vegetationstypen festgestellt. Die vielen verschiedenen Lebensräume und Pflanzen beherbergen eine noch grössere Zahl an Insekten und viele verschiedene Vogelarten. Das Gebiet wird ganzjährig von einer grossen Gäms- und Steinbockpopulation bewohnt, wobei sich die Wintereinstandsgebiete in den tieferen Lagen befinden. Auch Hirsche haben ihre ersten Spuren hinterlassen, sind aber offenbar nur sporadische Besucher. Die grösste einheimische Raubkatze, der Luchs, hat hier wieder eine Heimat gefunden. Seine Anwesenheit zeichnet das Gebiet möglicherweise am eindrücklichsten als intakte Landschaft aus.

Ein überregionaler Naturpark, in dem die Natur und die nachhaltige Nutzung des Menschen nebeneinander gleichberechtigt existieren, könnte auch für das hintere Lauterbrunnental eine gute Option für die Zukunft sein. Gespräche darüber haben bereits stattgefunden. Konkrete Ergebnisse stehen noch aus. Anfang Sommer 2005 wurde übrigens ganz im Sinn eines sanften Tourismus der «UNESCO-Trail» eröffnet, der in einer eindrücklichen Wanderung das hintere Lauterbrunnental und das Welterbe mit verschiedenen Informationstafeln näher bringt und den Besuchern ein hautnahes Naturerlebnis ermöglicht.

Morgenstimmung mit Gelbem Enzian.

Schon Goethe hatte sich an der Aussicht am Oberhornsee erfreut.

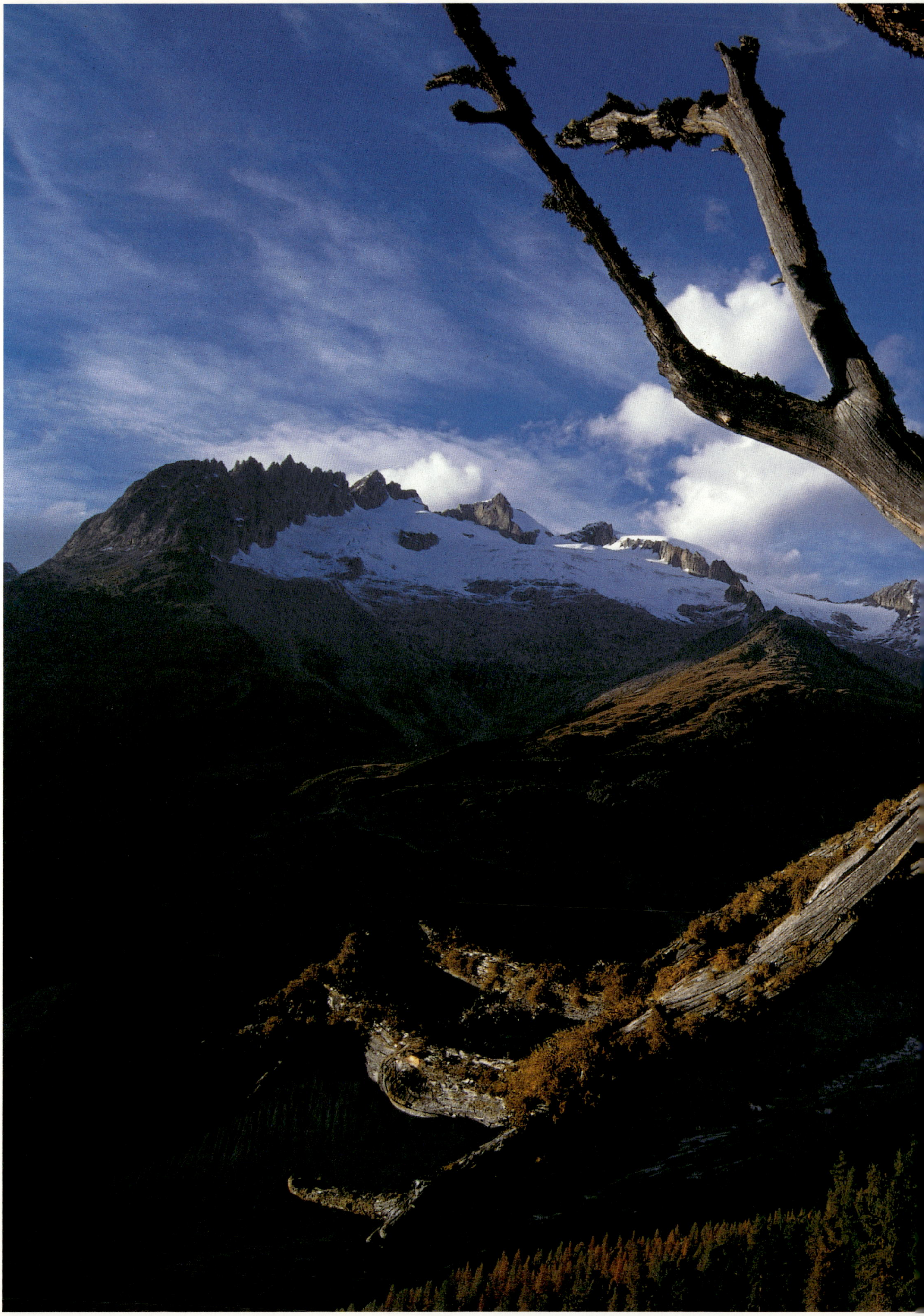

Kolumbus und der alte Wald

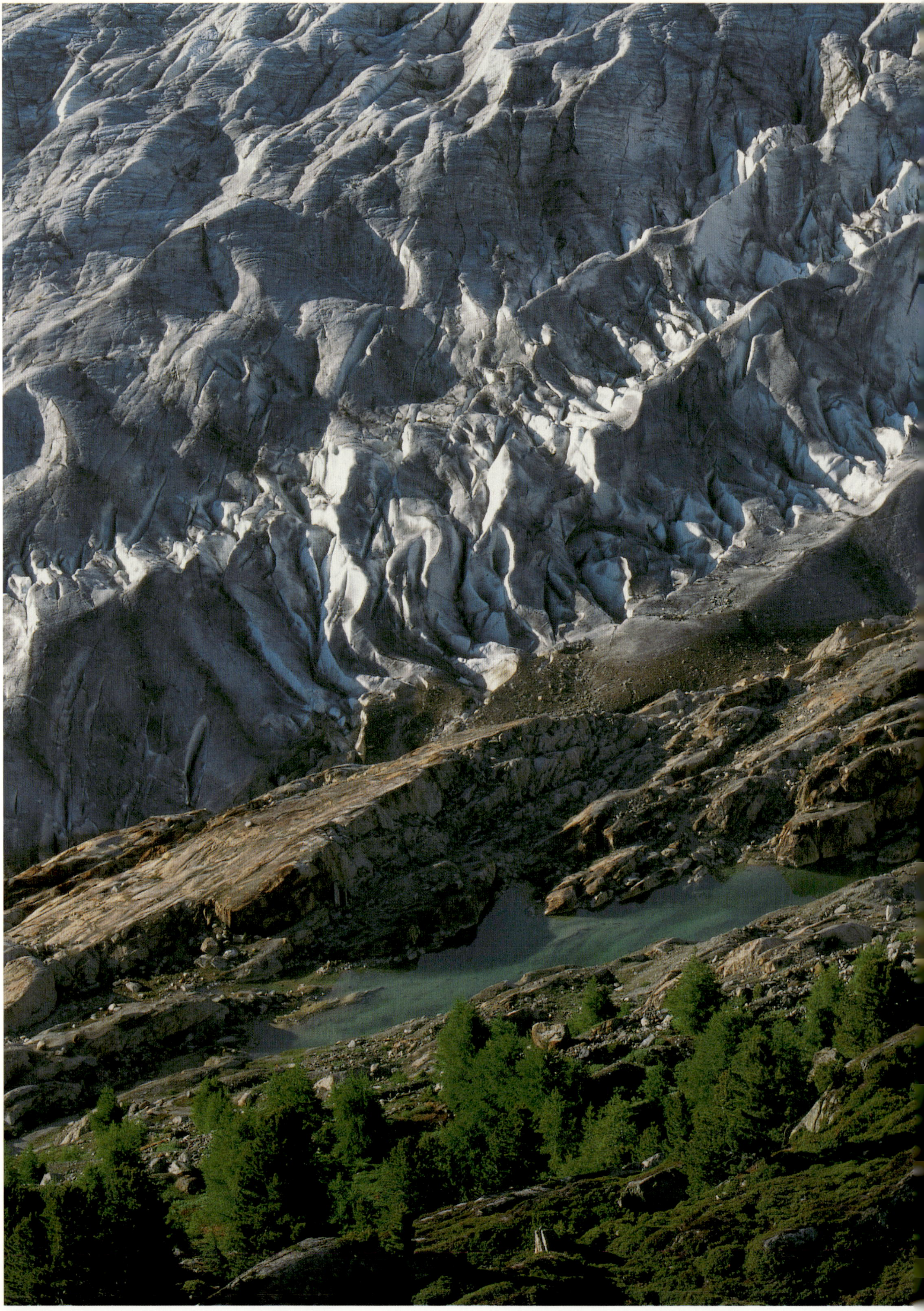

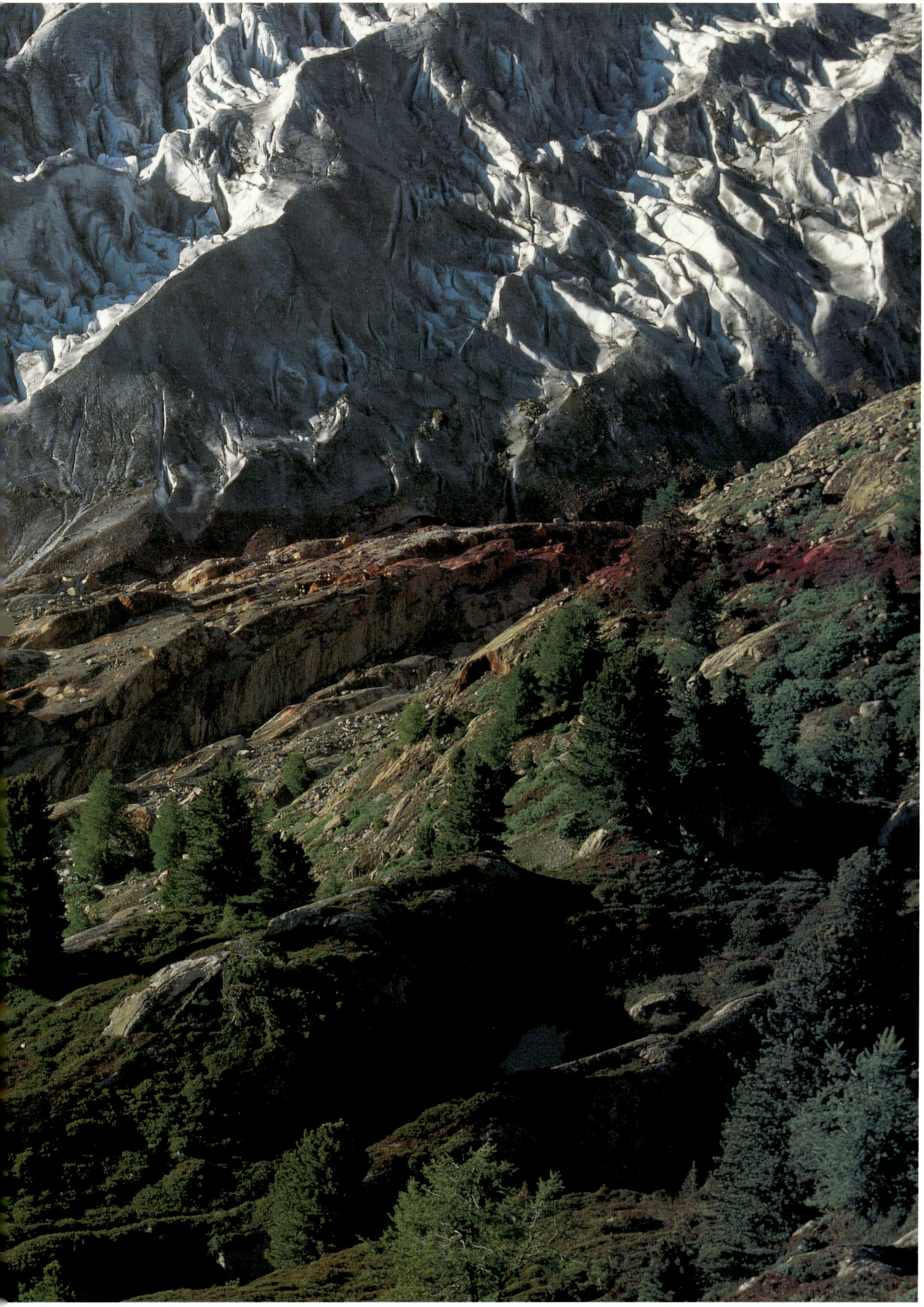

Das Ende ist der Anfang

Stellen Sie sich das Mittelland am Ende der letzten Eiszeit vor rund 12 000 Jahren vor: Endlose Schotterflächen so weit das Auge reicht, kaum ein Halm oder eine Blüte, die etwas Farbe in die Landschaft zaubern könnten. Heute erleben wir – von der zivilisatorischen Infrastruktur einmal abgesehen – grüne Wiesen und Wälder, fruchtbare Böden und quirliges Leben als unseren ganz normalen Alltag. Aber erst das Zusammenwirken diverser Naturkräfte hat aus den damaligen Steinwüsten in Jahrtausenden die für uns heute so selbstverständliche Umgebung geschaffen. Genau dieses Schauspiel kann man im Aletschwald sozusagen in komprimierter Form nachvollziehen: Steigt man vom Riedergrat zum Aletschgletscher hinab, begibt man sich auch auf eine Zeitreise. Nach dem Arvenwald erreicht man einen Lärchenwald, durchsetzt mit einzelnen Birken und kommt schliesslich beim öde und tot anmutenden Moränenschutt des zurückweichenden Gletschers an. Dort trifft man eine Stimmung an, wie sie vor 12 000 Jahren beispielsweise in Zürich oder am Genfersee zu erleben gewesen wäre, nur viel steiler und umgeben von schroffen Berggipfeln. Aber auch hier unten wird – vorausgesetzt der Gletscher stösst nicht wieder vor – nach vielen Jahren einmal ein Arvenwald stehen, in dem sich das Leben regt, wo Hirsche und Gämsen eine üppige Weide vorfinden und Alpenrosen blühen werden. Die Wissenschaft nennt das Sukzession und weiss auch einigermassen genau, dass es etwa 500 Jahre dauern wird, bis auf dem ehemaligen Moränenschutt im Aletschgebiet wieder ein gut ausgebildeter Arvenwald steht.

Es beginnt ganz unscheinbar und die frei gewordenen Moränenfelder bieten einen entscheidenden Vorteil: Es ist noch niemand da, der einem den Platz streitig macht. Es gibt keine unliebsamen Nachbarn, mit denen man Wasser, Sonnenlicht oder andere lebenswichtige Dinge teilen muss. Die fehlende Konkurrenz macht die Schutthalden zu einem interessanten Siedlungsraum. Auf der anderen Seite dominieren jedoch harte Lebensbedingungen, die von extremen Gegensätzen geprägt sind. Die Temperaturen fahren Achterbahn, von Minusgraden bis zur glühenden Backofenhitze. Zumeist herrscht wüstenhafte Trockenheit, weil Regen sofort versickert oder auf den nackten Steinen rasch verdunstet. Bei intensiven Niederschlägen bricht allerdings schnell Hochwassernotstand aus. Es gibt noch keine üppige Vegetation, die die Sturzflut von oben aufnehmen könnte. Und ständig ist das Gelände in Bewegung. In der Halde bleibt kein Stein lange auf dem anderen.

Doch es gibt Lebewesen, die all das ertragen können. Wichtige Erstbesiedler oder Pionierpflanzen sind verschiedene Moose, das Alpenleinkraut mit seinen unverkennbaren, orange-violetten Blüten, der gelb blühende Bewimperte Steinbrech oder etwa der unscheinbare Alpensäuerling, der ein wenig aussieht wie eine Sauerampfer im Zwergformat und mit dieser auch verwandt ist. Zehn Jahre nach dem Rückzug des Gletschers gedeihen bereits etwa 40 verschiedene Pflanzenarten.

Pioniere sind zwar zähe Einzelkämpfer, als Teamplayer taugen sie allerdings nicht viel. Wissenschaftlich ausgedrückt heisst das, sie sind konkurrenzschwach. Indem sie den Boden festigen und zusammen mit physikalischen Verwitterungsprozessen insgesamt für freundlichere Lebensbedingungen sorgen, läuten sie gleich selber ihren Untergang ein. 50 Jahre nach dem Rückzug des Gletschers dominieren verschiedene kleinwüchsige Weidensträucher das Bild. Die ersten Pioniere werden immer mehr verdrängt, weil sie der Konkurrenzkraft der neuen Einwanderer nicht gewachsen sind. Noch sind wir allerdings weit von einer zusammenhängenden Vegetationsdecke entfernt. Das Ende der Zwergweiden ist jetzt schon vorbestimmt. Allmählich rollt die

Seite 52/53
Die ältesten Bäume im Aletschwald sind über 1000 Jahre alt.

Seite 54/55
Auf das abschmelzende Eis folgen die ersten Pflanzen und Tiere, die das Gelände in verschiedenen Etappen zurückerobern.

Ein Farbenrausch überzieht im Herbst den Aletschwald.

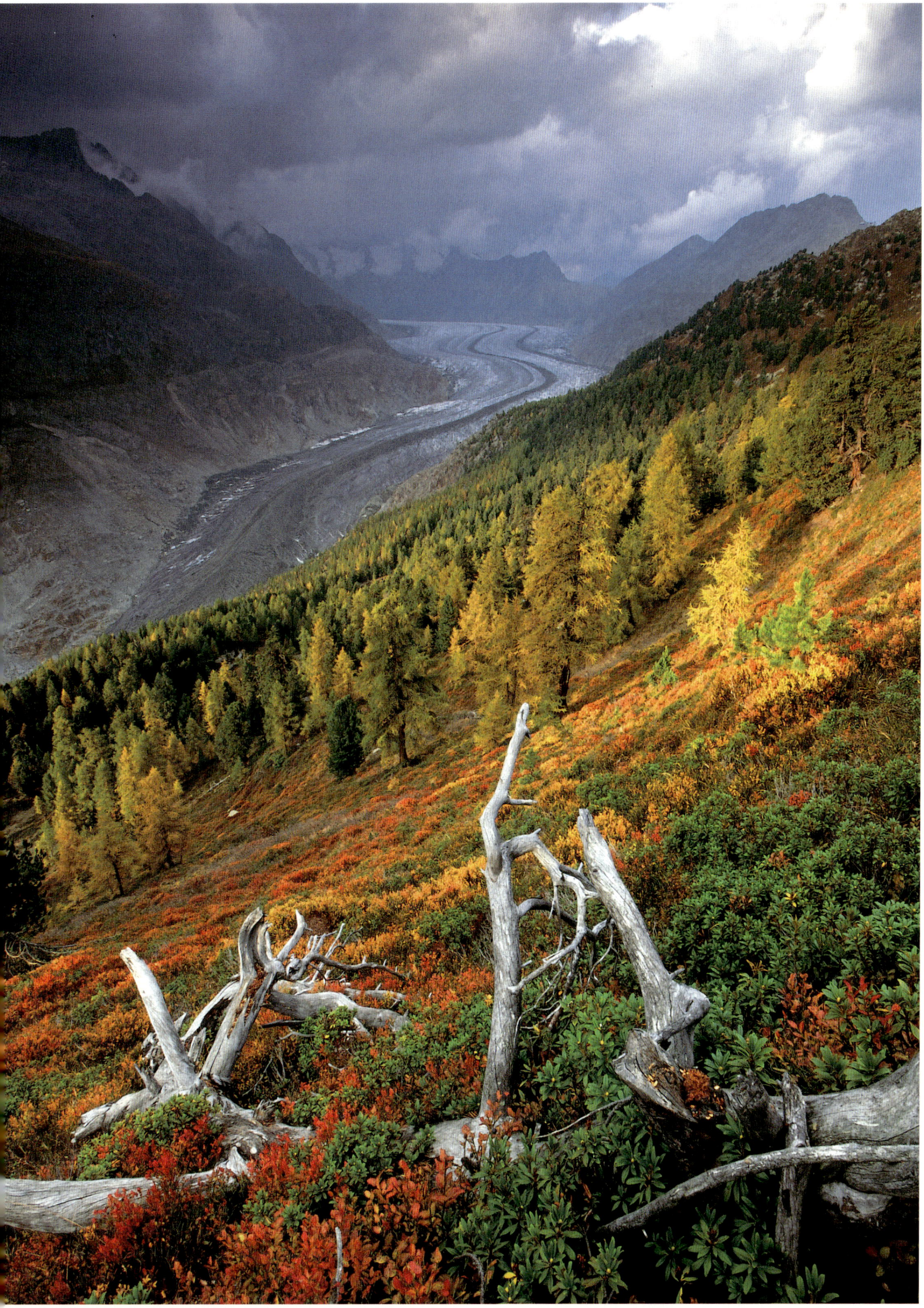

Tod und Erneuerung gehören zum ewigen Kreislauf. Die umgestürzte Lärche wird später vielleicht einmal einem Arvenkeimling Nahrung bieten.

nächste Besiedlungswelle über das Gletschervorland. Im viel zitierten – und leider oft auch falsch verstandenen – «Kampf ums Dasein» erweisen sich Krähenbeeren, Heidelbeeren und Alpenrosen als die robusteren Gewächse. Diese beginnen etwa 70 Jahre nach dem Zurückweichen des Gletschers das Zepter in die Hand zu nehmen und stellen sich als eigentliche Siegertypen heraus. Auch im späteren Arvenwald werden sie immer noch zu den Hauptakteuren in der Strauchschicht zählen.

Rund 150 Jahre nach dem Zurückschmelzen des Gletschers treffen wir einen lichten Jungwald aus Lärchen und Birken an, der bereits eine beachtliche Höhe von fast zehn Metern erreichen kann. In vielen weiteren Jahren entwickelt sich daraus ein richtiger Wald, in dem vor allem hoch gewachsene Lärchen das Bild prägen. Als schmales Band hebt er sich vom dunkleren Arvenwald ab.

Wenn man vom Rand des Gletschers auf den gut sichtbaren Kamm der Moränenfelder hochsteigt, können alle Etappen der geschilderten, rund 150 Jahre dauernden Besiedlungsgeschichte des Gletschervorlandes erlebt werden. Seit 1860 zieht sich der Aletschgletscher zurück und gibt beständig neuen Schutt frei. Oben auf dem Scheitel sind die Böden daher etwa 150 Jahre alt.

Steigen wir in der Flanke noch weiter an, überqueren wir eine scharfe Vegetationsgrenze und vollbringen gleichzeitig einen naturgeschichtlichen Sprung. Das Gebiet jenseits des Moränenwalls ist seit tausenden von Jahren eisfrei. Dort ist die Besiedlungsgeschichte durch die Lebewesen seit langem abgeschlossen. Biologen sprechen von der Schlussgesellschaft oder, mit dem Fachwort, von der Klimaxgesellschaft. Auch die stattliche Lärche hat sich nur als Spielerin auf Zeit entpuppt. Sie musste weitgehend der durchsetzungsfähigeren Arve weichen. Die Arve

Die im Winter kahlen Lärchen besiedeln zusammen mit Birken (nicht im Bild) als Pioniere das Gletschervorland. Erst später kommen Arven hinzu.

kann ihre Lebenskraft aber erst richtig entfalten, wenn die Böden eine gewisse Fruchtbarkeit erreicht und die allgemeinen Lebensbedingungen angenehmer geworden sind. So breitet sich heute im Aletschwald hauptsächlich ein Arvenwald aus, in dem die Bäume nicht sehr dicht stehen und viel Raum und Licht für einen üppigen Unterwuchs bleiben. Eine ausgedehnte Moosschicht, viele Zwergsträucher wie eben die Heidelbeere oder die Alpenrose und ein reicher Bewuchs mit dem Wolligen Reitgras verleihen dem Aletschwald sein charakteristisches Aussehen.

Ganz oben am Hang erreicht man die deutlich erkennbare Moräne aus dem Ende der letzten Eiszeit. Hier stehen wir auf einem Boden, den der Gletscher bereits vor 11 000 Jahren freigegeben hat. So gesehen wird ein vertikaler Streifzug im Aletschgebiet immer auch zu einer Wanderung durch die Zeiten.

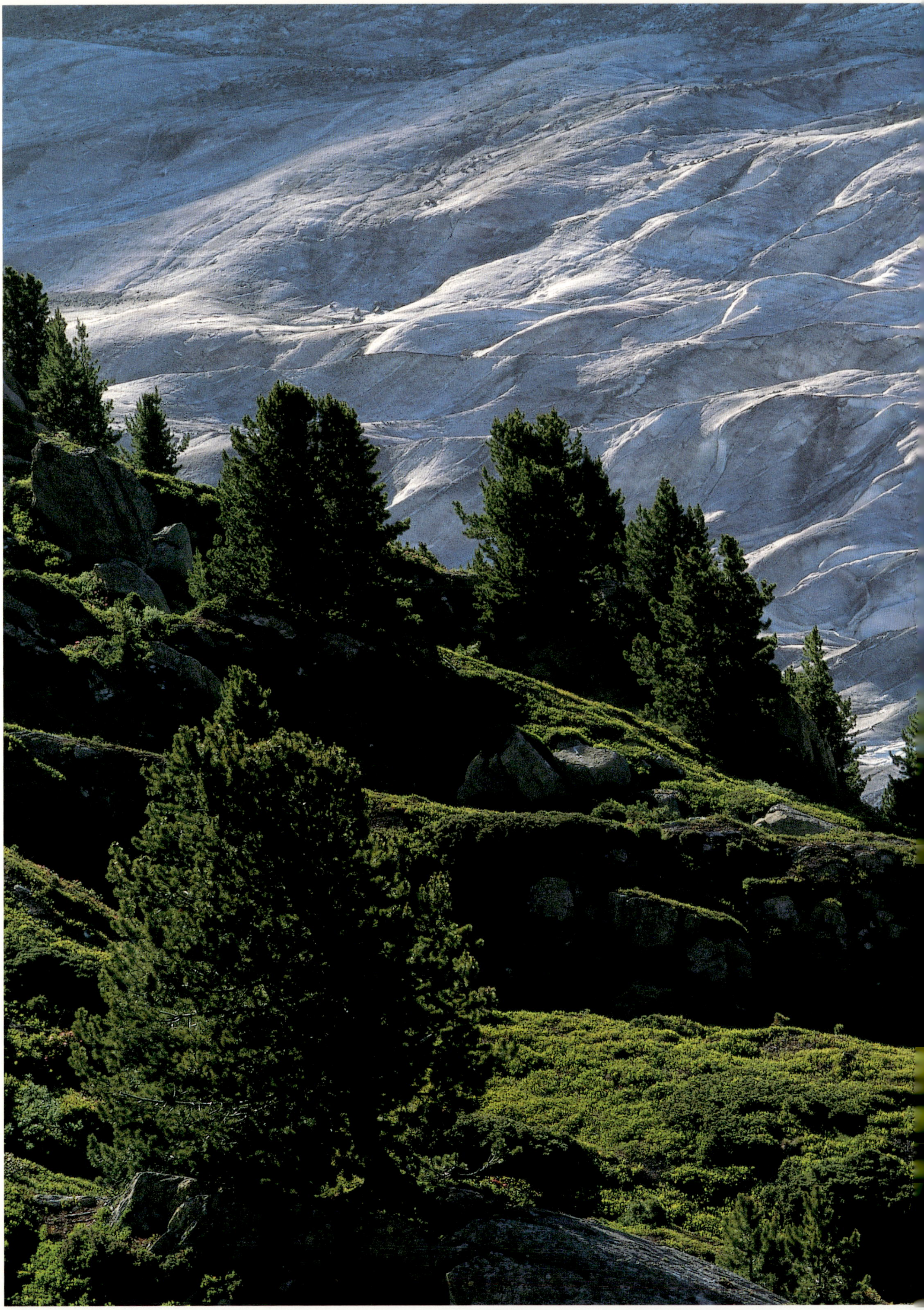

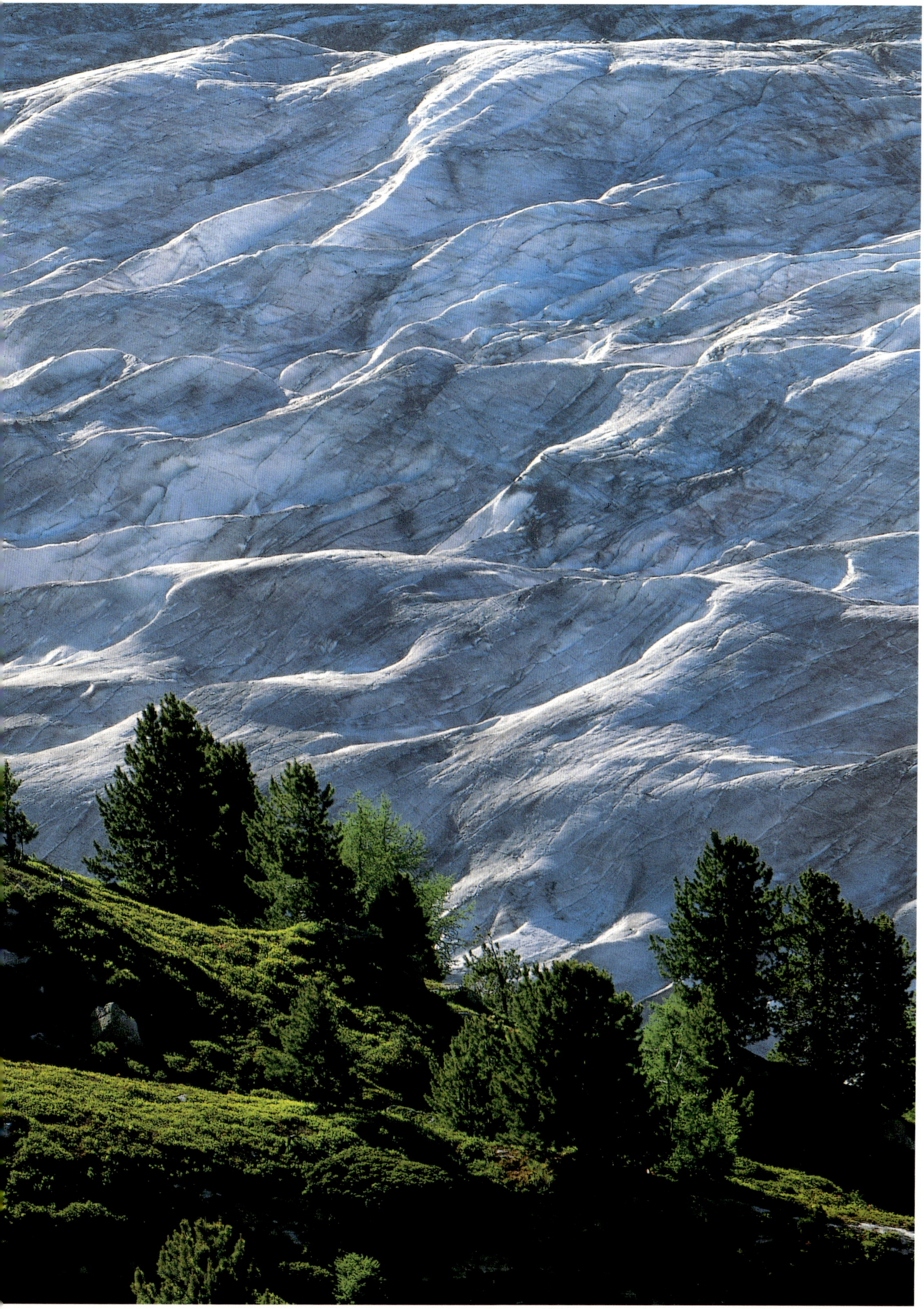

Der Gärtner und seine Lieblingspflanze

«Wie gepflanzt», meint eine Touristin, die mit ihren zwei Kindern und dem angeleinten Hund auf dem oberen Weg, dem so genannten «Moränenweg», unterwegs ist. In Reih und Glied stehen auf der Höhe des Breiten Bodens fünf, sechs grosse Arven genau auf dem Scheitel einer Moräne aus der letzten Eiszeit. Die Strenge und Symmetrie der Anordnung würde jeder Allee in Paris zur Ehre gereichen. Und tatsächlich, die Bäume wurden gepflanzt. Aber nicht der Mensch hat hier Hand angelegt! Vielmehr ist ein drollig aussehender, taubengrosser Vogel mit weiss gesprenkeltem Gefieder, kräftigem Schnabel und untersetzter Gestalt der Urheber: der Tannenhäher. Der Tannenhäher ist der Gärtner im Arvenwald. Zwischen dem Vogel und dem Baum hat sich eine enge Beziehung entwickelt. Beide Partner ziehen ihre Vorteile daraus. Der Tannenhäher sorgt für die Verbreitung der Arven im Gebirge und profitiert als Gegenleistung von ihren Nüsschen als Nahrung. Dabei leistet der Vogel Erstaunliches!

Vor der Morgendämmerung liegt eine tiefe Ruhe über der Landschaft. Bald nach dem ersten Licht erschallt jedoch ein markantes, lautes «Kror» oder «Rätsch» aus allen Ecken des Waldes. Der Tannenhäher, der häufigste Vogel im Gebiet, wird aktiv. Der Tannenhäher ist Sammler aus Leidenschaft. Wenn im August die Arvenzapfen reif sind, gibt es für ihn kein Halten mehr. Rastlos fliegt er die Wipfel der Bäume an, schnappt sich einen blaubraunen, fast faustgrossen Arvenzapfen und trägt ihn an eine geeignete Stelle. Dort hämmert er mit seinem kräftigen Schnabel die Arvennüsschen unter den Schuppen heraus. Nur er ist in der Lage, den soliden Panzer mit den versteckten Kalorienbomben aufzubrechen. Der clevere Vogel schüttelt die befreiten Nüsschen in seinem Schnabel hin und her und prüft damit, ob der verheissungsvolle Inhalt auch

Seite 60/61
Über dem Aletschgletscher wachsen vereinzelte Arven. Für ihre Verbreitung sorgt hauptsächlich der Tannenhäher.

Skurrile, verdrehte und vom Wetter gezeichnete Bäume illustrieren die harten Bedingungen, die den Lebensraum im Gebirge prägen.

*Seite 62
Es dauert im Aletschgebiet etwa 500 Jahre, bis auf den vom Gletscher freigegebenen Flächen wieder ein richtiger Arvenwald steht.*

tatsächlich vorhanden ist. Nieten sortiert er aus. Überall im Aletschwald kann man seine Zapfenschmieden antreffen. Beliebte Arbeitsstätten sind Baumstümpfe mit ebener Auflage.

Pro Saison trägt ein einziger Vogel die schier unglaubliche Zahl von rund 100 000 Arvennüsschen zusammen. Dies schafft das emsige Tier jedoch locker in zwei bis zweieinhalb Monaten, wobei er im September besonders geschäftig ans Werk geht. Fünf bis sechs Nüsschen vergräbt er in einem Vorratslager. Haben Sie es schon ausgerechnet? Jeder Tannenhäher legt bei seinen Wintervorbereitungen rund 20 000 verschiedene Verstecke an! Fast alle davon findet er wieder. Wie dem Vogel das in einer eingeschneiten, ziemlich veränderten Winterlandschaft gelingt, bleibt bis heute ein grosses, ungelöstes Rätsel. Würden Sie sich zutrauen, auch nur 1000 Verstecke wieder zu finden?

Natürlich sucht sich der Vogel für seine Nüsschen möglichst markante, erhöhte Stellen aus, die vom Schnee rasch freigegeben werden. Daher wachsen viele Arven auf Felsbrocken oder eben auf dem höchsten Punkt von Moränen. Für ein Versteck fliegt der Tannenhäher bis zu 15 Kilometer weit und nutzt in einer Hangflanke etwa 700 Höhenmeter. Dabei überwindet er auch Grate und Pässe.

Arvennüsschen sind viel grösser und schwerer als die Samen von anderen Nadelbäumen. Das war früher möglicherweise nicht so. Denn ohne geeignetes Transportmittel wäre für den Baum eine Verbreitung nur in unmittelbarer Umgebung seines Stammes möglich. Für die Besiedlung neuer Lebensräume eine denkbar schlechte Ausgangslage. Man nimmt an, dass sich die Abhängigkeit zwischen Tannenhäher und Arve über lange Zeiträume immer stärker entwickelt hat. Grosse Nüsschen sind für den Tannenhäher interessanter, weil sich der Einsatz für einen fetten Happen eher lohnt. Vielleicht hat der Tannenhäher vor allem grosse Nüsschen gesammelt und

Eine üppige Strauchschicht mit Alpenrosen, dem Wolligen Reitgras und anderen Gewächsen charakterisiert den lichten Aletschwald.

so gleich selber für die Verbreitung von grössersamigen Arven gesorgt. Mit dem Vogel als Transporteur sind grosse Samen kein Nachteil mehr, der Baum erreicht sogar eine phänomenale Mobilität. Auf der anderen Seite kann sich der Vogel fast vollständig auf die Arve als hochwertige Nahrungsquelle verlassen. 10 Monate lang frisst er nichts anderes als ihre Nüsschen. Ganz gezielt gräbt er seine Verstecke selbst unter einer Meter dicken Schneedecke aus. Im Frühjahr werden auch die Jungen aus diesem Vorrat versorgt. Im Hochsommer, wenn seine Depots weitgehend erschöpft und die neuen Zapfen noch nicht reif sind, macht sich der schlaue Vogel vor allem über die jetzt zahlreichen Insekten her. Er wandelt sich vom «harmlosen» Vegetarier zum «gefrässigen» Raubtier.

Biologen haben herausgefunden, dass der Tannenhäher durchschnittlich 80% seiner Vorratslager ausnutzt. 10% verliert er an andere Tiere, wie etwa Mäuse. Die restlichen 10% bleiben scheinbar unangetastet. Gibt es also doch Schwachstellen im geografischen Superhirn des Vogels? Möglicherweise. Es kann aber auch sein, dass der Tannenhäher Vorräte für einen harten Winter anlegt. In einem durchschnittlichen Winter ist er offenbar nicht auf alle Verstecke angewiesen. Immer bleiben im Revier Arvennüsschen liegen, aus denen neue Bäume keimen können. Arven sind an das raue Klima im Aletschgebiet mit den langen, kalten Wintern und den kurzen, trockenen Sommern bestens angepasst. Der grösste Teil des Niederschlags fällt hier übrigens in Form von Schnee ausserhalb der warmen Jahreszeit. Die Arve kommt mit 2 Monaten Vegetationszeit aus und erträgt sogar eine Jahresdurchschnittstemperatur von nur 0° Celsius. Deswegen bildet dieser Baum die Waldgrenze vor allem im Wallis und im Bündnerland. Arven erkennt man leicht an den 5 Nadeln, die aus einer Scheide wachsen. Die beiden anderen einheimischen Föhrenarten bilden hingegen nur zwei Nadeln aus. Wird es zu heiss oder zu kalt, legen die Arven

Tannenhäher verstecken ihre Wintervorräte bevorzugt auf Kuppen, Felsen oder Graten. Arven wachsen daher häufig an erhöhten Stellen.

zum Schutz ihre fünf Nadeln zusammen, um die exponierte Oberfläche zu verkleinern. Die Kanten passen perfekt aufeinander. Nehmen Sie einmal einen Arvenzweig in die Hand. Sie werden staunen, wie weich sich Arvennadeln anfühlen.

Unter den harten Bedingungen im Gebirge wächst der Baum nur sehr langsam. Im Aletschgebiet kann eine vier Meter hohe Arve bereits seit 80 Jahren leben. Wie alt müssen dann erst die grossen und knorrigen Bäume sein? Im Aletschwald trifft man die skurrilsten Baumpersönlichkeiten an. Verdrehte, von der Zeit und den widrigen Umständen gebeutelte Lebewesen, aber irgendwo spriesst immer noch ein Büschel mit grünen Nadeln aus dem scheinbar toten Holz. Die Lebenskraft, die Zähigkeit der Arven und die spannende Zusammenarbeit mit dem Tannenhäher lassen uns staunen.

Und was hat das alles mit Kolumbus zu tun? Untersuchungen haben ergeben, dass im Aletschwald 600 bis 700 Jahre alte Bäume stehen. Die Datierungsmethode taugt allerdings nicht bei allen Bäumen, da bei einigen das Innere verfault ist. Man schätzt die ältesten Individuen auf bis zu 1000 Jahre. Diese Bäume waren also bereits über 500 Jahre alte Senioren, als Kolumbus 1492 die Neue Welt entdeckte …

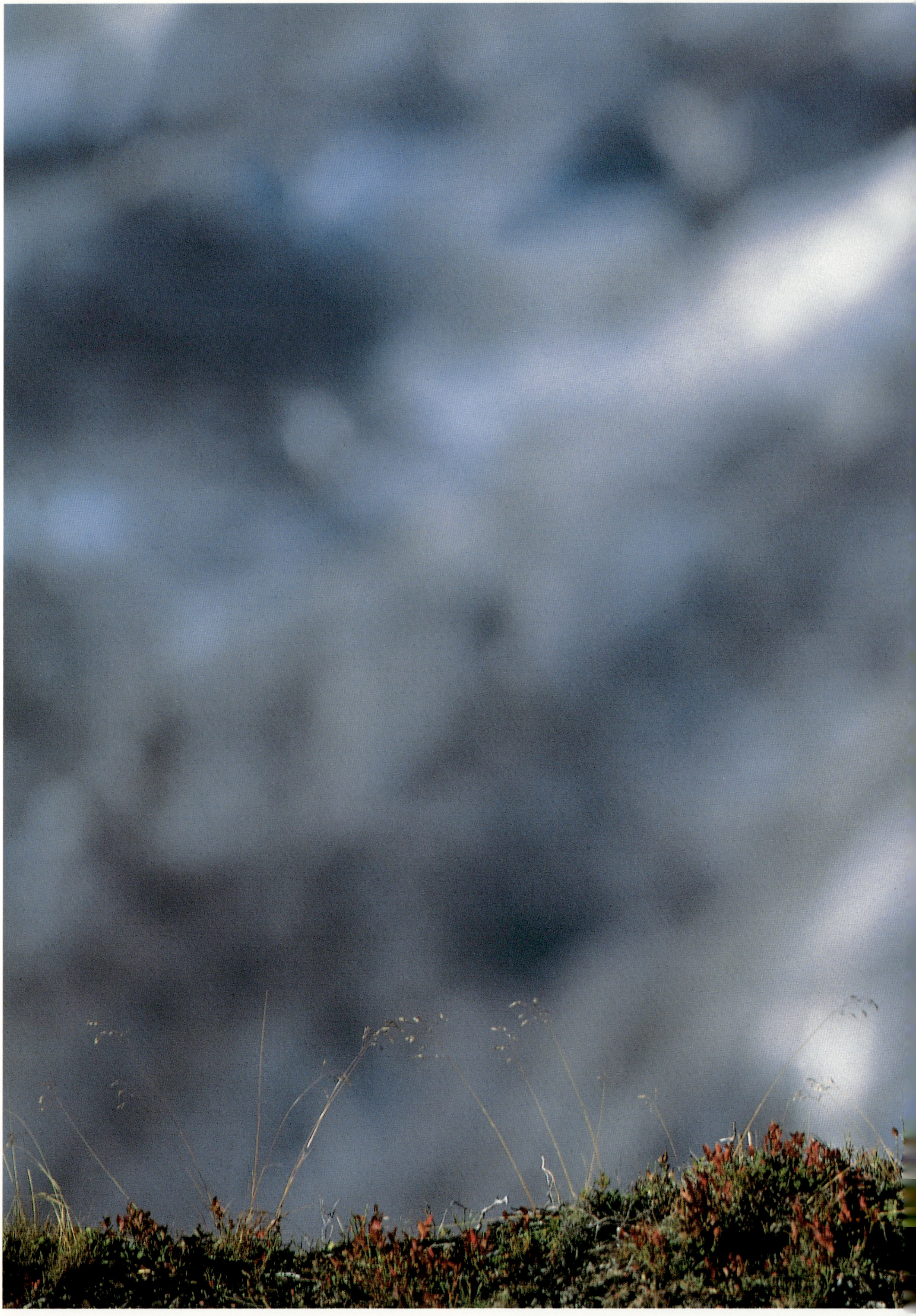

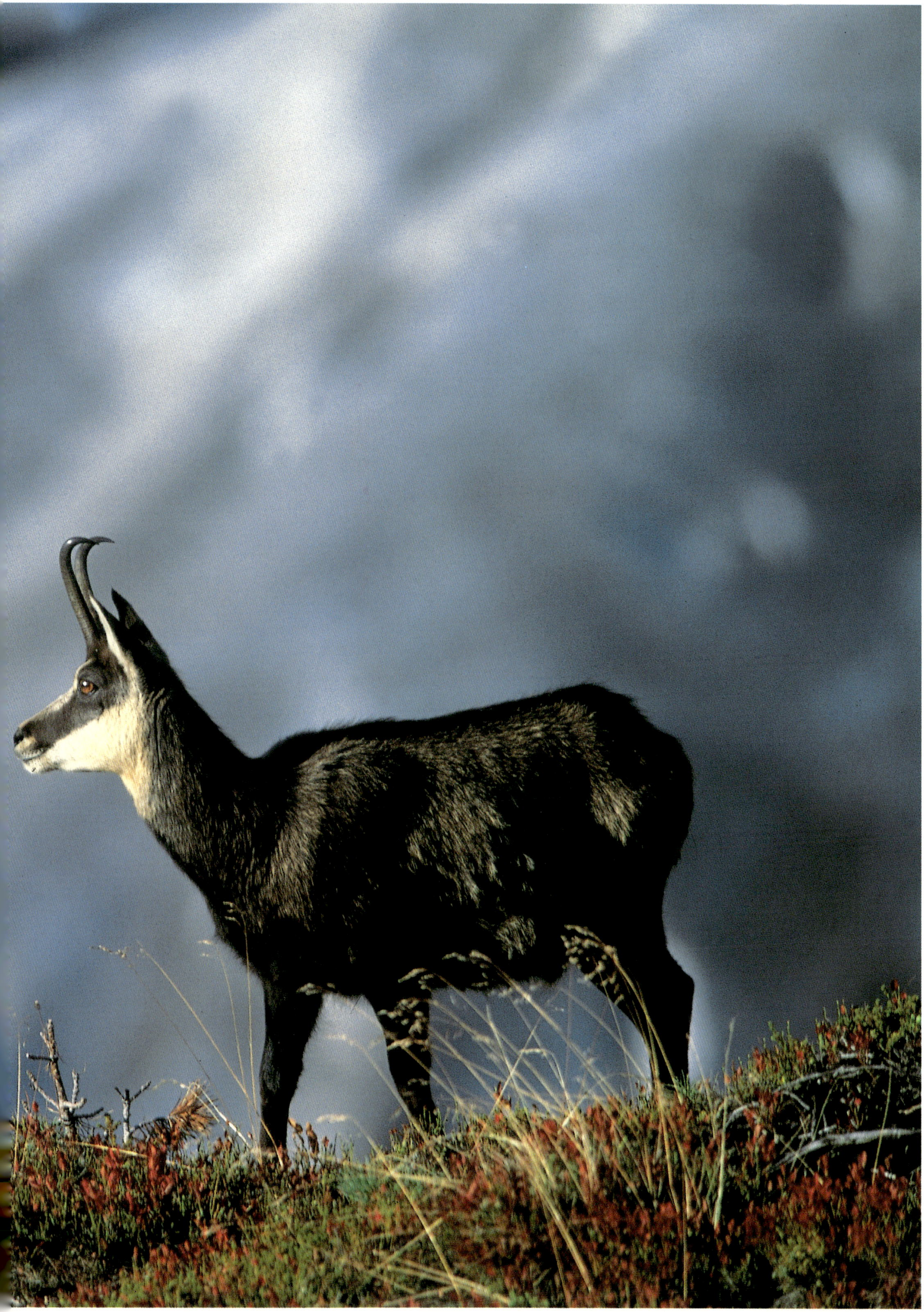

Das Gewimmel im lichten Gehölz

Der Wald leuchtet in allen Gelb- und Rottönen. In den letzten Tagen hat das Farbenspiel an Intensität noch zugenommen. Nur die Arven zeigen sich wie immer in ihrem dunkelgrünen Nadelkleid. Überall sonst ist eine Veränderung zu spüren. In der Nacht sinkt nun auch im Wald das Thermometer unter die Frostgrenze. In den Bergen liegt der erste Schnee. Es ist Herbst geworden.

Aus dem Wald dröhnt das Röhren der Hirsche. Dumpf, rau und mit aller Kraft vorgetragen. Hin und wieder hört man, wie Geweihstangen mit Wucht aufeinander prallen. Die Brunft ist auf ihrem Höhepunkt. In diesem Spektakel schwingt die Urkraft der Natur mit. Das wohldosierte Kräftemessen endet aber nicht immer in einer direkten Konfrontation. Grosse, starke Tiere dominieren Schwächere allein schon durch den Bariton ihrer Stimme. Fühlt sich ein Herausforderer dem Platzhirsch gleichwohl gewachsen, stellt er sich gut sichtbar neben seinem Rivalen auf. Voll Selbstvertrauen präsentieren beide ihre Körpergrösse und die mächtigen Muskeln. Meist erkennt der Schwächere seine Unterlegenheit und macht sich aus dem Staub. Für den Platzhirsch steht viel auf dem Spiel. Auch bei einem starken Rivalen weicht er nicht einfach aus. Er hat alles zu verlieren, der Herausforderer nichts. Im Notfall kommt es zum Kampf. Ein Herausforderer steigt aber nicht leichtfertig in den Ring. Vielleicht ist es für ihn besser, die Kräfte zu schonen und an einem anderen Ort sein Glück zu versuchen. Energieeffizienz ist der Schlüssel zum Erfolg, denn zum Fressen bleibt jetzt kaum Zeit. Am Ende dieser zermürbenden Spirale winkt als Lohn die Paarung. Ein kurzes Aufsteigen, ein Akt von wenigen Sekunden. Fast ein wenig enttäuschend, wenn man an das Feuerwerk des Vorspiels denkt. Aber die Geschöpfe, die im

*Seite 66/67
Gämsen waren im Aletschgebiet um 1930 fast ausgerottet. Nur gerade 20 Tiere hatten überlebt.*

In kaum einem anderen Gebiet lassen sich Gämsen so gut beobachten wie im Aletschwald.

*Seite 68
Nach der Aufnahme in das Netz der eidgenössischen Jagdbanngebiete von 1933 entwickelte sich die Gämspopulation im Aletschwald wieder erfreulich.*

nächsten Bergfrühling feucht und zittrig auf die Welt kommen, werden die Gene des Siegers tragen, nicht diejenigen des Verlierers.

Das Schauspiel der Hirschbrunft gehört heute so selbstverständlich zum Aletschwald, dass man es sich anders gar nicht mehr vorstellen kann. Aber wie überall in der Schweiz waren Hirsche auch hier seit dem 19. Jahrhundert ausgerottet! Erst um 1970 wanderten einzelne Tiere wieder in die Nordhänge über dem Aletschgletscher ein. Die Hirsche entwickelten sich prächtig, nicht zuletzt wegen den sehr guten Schutzbestimmungen. Heute versucht die Walliser Wildhut durch kontrollierte Abschüsse im Reservat, die Bestände auf ein nachhaltiges Mass zu reduzieren. Man hat die Problematik aber noch nicht im Griff. Es gibt immer noch Schäden im Wald. Auch Rehe sind wieder eingewandert. Sie kommen nicht sehr zahlreich vor, weil sie in dieser Höhe an die Grenzen ihres natürlichen Verbreitungsgebiets stossen. 10–20 Gämsen hatten trotz intensiver Jagd immer im Aletschwald überlebt. Mit der Deklaration zum eidgenössischen Jagdbanngebiet von 1933 erholte sich die Gämspopulation schnell. Ohne Bejagung und ohne natürliche Feinde wurden sie sogar zu einer Belastung für ihren Lebensraum. Nach einem Massensterben im Winter 1962/63 und einer später folgenden Verkleinerung des Jagdbanngebiets scheint sich heute ihre Zahl innerhalb tragbarer Grenzen zu bewegen.

Den Gämsen nachgestellt hat auch Laudo Albrecht. Er ist heute Leiter des Pro Natura Zentrums Aletsch auf der Riederfurka. Seine Waffen waren nicht Gewehr und Kugeln, sondern auffällige Kleider und der scharfe Verstand des Naturwissenschaftlers. Im Rahmen seiner Diplomarbeit wollte der Biologe herausfinden, ob Wildtiere sich an eine bestimmte Person gewöhnen können. «Ich wählte eine auffällige, schwarzweisse Bekleidung, die mich von allen anderen Touristen im Aletschwald garantiert unterschied», erzählt er auf dem Weg rund ums Riederhorn. Ganz offen-

Hirsche sind erst in den 70er-Jahren des 20. Jahrhunderts in den Aletschwald zurückgekehrt. Heute leben hier im Sommer zu viele Tiere.

sichtlich zeigten die gewählten Kleider Wirkung. Wenigstens bei Touristen. Denn die musterten den scheinbar sonderbaren Vogel argwöhnisch. «Wenn ich dann auch noch zu den Gämsen sprach, um sie zu beruhigen, hielten mich die meisten Leute für nicht ganz dicht.» Die Gämsen hats nicht gekümmert. Im Gegenteil. Nach einer dreimonatigen Angewöhnungszeit liessen sie den schwarzweissen Albrecht bis auf 27 Meter an sich heran, viel näher als jede andere Person. Seine Studie war ein Erfolg.

Man muss sich aber nicht speziell kleiden, um als ganz normaler Tourist Gämsen im Aletschwald aus der Nähe beobachten zu können. Da die Tiere hier nicht bejagt werden, haben sie mit der Zeit ihre Fluchtdistanz markant abgebaut. «Das hat nichts mit Degeneration zu tun, sondern ist eine ganz natürliche Reaktion», meint Albrecht weiter. Wie auch immer, die Besucher können hier die Tiere beobachten, wie kaum in einem anderen Gebiet.

Neben Hirschen, Gämsen und Rehen bietet der Aletschwald auch noch vielen anderen Tieren eine Heimat. Diese leben aber meist heimlicher als die drei Huftiere. Eichhörnchen trifft man im Wald noch am ehesten an. Es braucht schon eine gute Portion Glück, um auf einen Schneehasen oder einen Feldhasen zu stossen. Füchse sind möglicherweise auch noch zu sehen, viel häufiger begegnen uns jedoch ihre Kotmarkierungen am Wegrand. Den scheuen Dachs bekommt wohl fast niemand zu Gesicht. Haus- und Baummarder sowie Hermelin gehören ebenfalls zu den Bewohnern des Waldes.

Der Aletschwald ist aber schon seit dem 17., 18. Jahrhundert kein natürliches Ökosystem mehr. Die grossen Raubtiere Luchs, Wolf und Bär fehlen. Diese waren ursprünglich in der ganzen Schweiz weit verbreitet. In den Alpen konnten sie sich länger halten als im stärker besiedelten Mittelland. Grosse Raubtiere spielen im Naturhaushalt eine wichtige Rolle. In erster Linie reis-

Während der Brunft Ende September und Anfang Oktober messen die Stiere ihre Kräfte. Dazu gehört auch das anstrengende Röhren.

sen sie alte, schwache und kranke oder ganz junge, unerfahrene Tiere. Gesunden Beutetieren gelingt in aller Regel die Flucht. Doch grosse Raubtiere erhitzen die Gemüter wie keine anderen und lassen eine sachliche Diskussion nur schwer zu. Auf der einen Seite gibt es die schwärmerischen Befürworter, auf der anderen Seite die vehementen Gegner. Extrempositionen bringen, wie immer, auch hier keine Lösung. In der Schweiz lebt wieder eine grössere Luchspopulation. Wölfe wandern zeitweilig von Italien her ein, und mindestens ein Tier hat sich im Bündner Oberland definitiv niedergelassen. Neuerdings hat sogar ein Bär zurück in die Schweiz gefunden. Werden diese Tiere den Aletschwald einmal zurückerobern können, wie dies den Huftieren vor einigen Jahrzehnten auch gelang? Dass Menschen und grosse Raubtiere nebeneinander leben können, zeigen Beispiele aus diversen Ländern. Ob sich diese Verhältnisse einfach auf die Schweiz übertragen lassen, ist eine andere Frage. Würden Sie mit Ihren Kindern immer noch den Aletschwald besuchen, wenn dort Wölfe hausten? Sie könnten es bedenkenlos tun! Im Moment sind wir noch weit von dieser Situation entfernt. Um 1980 hinterliess ein Luchs nach langer Abwesenheit erstmals wieder seine Spuren im Aletschwald. Vielleicht ist das ein Zeichen für die Zukunft.

Wenn auch nicht an den ganz grossen Raubtieren, die man sowieso kaum zu Gesicht bekäme, so können Sie sich an der zahlreich vertretenen Vogelwelt erfreuen. 34 verschiedene Vogelarten brüten im Gebiet, 32 weitere leben in seiner Umgebung oder schauen als Besucher vorbei, genau wie Sie. Und vergessen Sie keinesfalls die Spinnen, Käfer, Würmer, Pilze und all das andere «Getier», das da kreucht und fleucht ...

Eine Naturschutzidee setzt sich durch

Die Bergbauern der Riederalp im 19. Jahrhundert lebten seit Generationen als Selbstversorger. Aber auch mit harter Arbeit konnten sie kaum mehr erwirtschaften, als zum Überleben notwendig war. Lediglich ein- bis zweimal im Jahr suchten sie den Markt in Brig auf, um ihre Vorräte mit Salz und Tabak zu ergänzen. Ihre Reisen führten selten weiter. Die Gemeinden bildeten ein in sich fast abgeschlossenes System mit wenig Kontakt nach aussen. In diesem wirtschaftlichen Umfeld mussten alle erreichbaren Ressourcen genutzt werden, auch der Aletschwald. Die materielle Not führte mit der Zeit von der Nutzung zur Übernutzung. Vor allem der Holzschlag wurde im 19. Jahrhundert – wie in vielen anderen Teilen der Schweiz auch – zu einer Bedrohung für die Wälder. Dem

Der Aletschwald wurde 1933 unter Schutz gestellt.

Eisenbahnbau in der Westschweiz fielen grosse Teile des Aletschwaldes zum Opfer. Aber auch der Betrieb von Öfen zum Brennen von Kalk für die Zementherstellung hatte beträchtliche Mengen Holz verschlungen.

Im Sommer, wenn die südexponierten Hänge der Alp ausgetrocknet waren, trieben die Bergbauern ihr Vieh über den Grat in den Wald hinein. Am kühleren Nordhang wuchsen immer noch saftige Gräser. Die Tiere weideten aber nicht nur das Gras ab, sondern machten sich auch über den Jungwuchs her und verletzten die zarten Bäumchen mit ihren Hufen. Mit dem Verkauf von Heidelbeeren konnten die Bauern ein paar Extrafranken dazuverdienen. Natürlich assen die Menschen die süssen Früchte auch selber gerne. Bei der Ernte mit einem Metallkamm, dem «Heitusträäl», wurden zusammen mit den Beeren versehentlich aber auch Baumkeimlinge ausgerissen.

Das exzessive Fällen von Bäumen und die anderen Nutzungsformen führten zu einem ungesunden, stark überalterten Wald. Bereits kurz nach der Jahrhundertwende wurde 1906 ein erster Zeitungsartikel veröffentlicht, der vor dieser Entwicklung warnte und den Schutz des Aletschwaldes thematisierte. Damals lebten im Aletschwald fast keine grossen Wildtiere mehr, da die offizielle Jagd nicht nachhaltig organisiert war. Wilderei kam nicht selten vor. Aber wer konnte es einem armen Bergbauern verdenken, wenn er für seine Familie den Tisch mit Wildbret bereicherte? Offiziell sprach man von einer «trostlosen Wildarmut» im Aletschwald.

Mit dem Auftauchen der ersten Touristen prallten zwei völlig gegensätzliche Welten aufeinander. Auf der einen Seite die Bergbauern, die Tag für Tag hart arbeiten mussten, nur um zu überleben. Auf der anderen Seite exotisch gekleidete Fremdlinge, die die Alp aufsuchten, um nichts zu tun. Sahen die Bergbauern in der Alp einfach einen Teil ihres Lebens- und Arbeitsraums, so kamen die Fremdlinge aus purer Lust an der Natur und an der majestätischen Bergwelt. Die Einheimischen konnten die Motivation der Fremden kaum nach-

Der Wald wurde früher von den Bergbauern intensiv genutzt.

vollziehen. Sie nannten sie spöttisch, aber nicht abschätzig «Kraut-, Stein- und Bergnarren». Durch die Touristen wurden die Bergbauern aber mit der Idee konfrontiert, dass Natur auch ausserhalb der reinen Nahrungsbeschaffung einen grossen Wert haben kann, einfach weil sie schön und erhaben ist und dass intakte Natur auch eine zusätzliche Erwerbsquelle erschliessen kann. Die Fremden waren bald gern gesehene Gäste, bezahlten sie doch einen guten Batzen für ein Nachtlager, ein Glas Milch oder für einen ortskundigen Führer. Unter den ersten Touristen auf der Riederalp befand sich übrigens auch ein gewisser Ernest Cassel. Die Einheimischen hatten keine Ahnung, dass sie mit dem Engländer deutscher Abstammung nicht nur einen der begütertsten, sondern auch einen der politisch einflussreichsten Männer seiner Zeit bei sich beherbergten. Ernest Cassel liess sich auf der Riederfurka eine feudale Sommerresidenz errichten, in dem Jahr für Jahr wichtige und mächtige Männer Europas zu Gast waren. Von seinem Sitz auf der abgelegenen Alp in der Walliser Bergwelt aus versuchte Ernest Cassel mit all seinem Einfluss bis zuletzt, den Ersten Weltkrieg zu verhindern. Vergeblich, wie wir wissen.

Ab 1875 hatte der Bund damit begonnen, für den Schutz und die Wiederansiedlung von Huftieren eidgenössische Jagdbanngebiete auszuscheiden. 1933 wurde die Region Aletsch-Bietschhorn, die auch den Aletschwald umfasste, in das Netz der jagdfreien Gebiete aufgenommen. Ausserdem konnte ebenfalls 1933 der Schweizerische Bund für Naturschutz (heute Pro Natura) nach zähen Verhandlungen mit den Besitzerinnen des Aletschwaldes, der Burgergemeinde Ried-Mörel und der Alpgenossenschaft Riederalp, einen Pachtvertrag auf 99 Jahre unterzeichnen. Der aufblühende Tourismus mit den in Aussicht gestellten Einnahmemöglichkeiten spielte in den Überlegungen der Burger eine wichtige Rolle. Sie konnten es sich nun leisten, einen Teil ihres Bewirtschaftungsraumes an den Naturschutz und damit auch an den Tourismus abzutreten. Im gleichen Jahr erklärte ausserdem die Regierung des Kantons Wallis den Aletschwald zu einem kantonalen Schutzgebiet. Nun genoss

Hirsche sind erst um 1970 wieder in den Aletschwald eingewandert.

der Wald in jeder Beziehung einen umfassenden, rechtlich verankerten Schutz. Die grandiose Gebirgswelt rund um den Aletschgletscher inklusive Aletschwald wurde 1983 zusätzlich in das *Bundesinventar der Landschaften und Naturdenkmäler von nationaler Bedeutung (BLN)* aufgenommen. Im Dezember 2001 erklärte schliesslich die UNESCO auf Antrag des Bundes ein weites Gebiet um den Aletschgletscher zu einem Welterbe für die Menschheit.

Wohl kein Mensch zweifelt heute die Schutzwürdigkeit und den rechtlichen Status des Aletschwaldes an. Trotzdem sind nicht alle Gefahren gebannt. 1944 verursachten unachtsame Touristen einen Brand, der 65 Hektaren Wald zerstörte. Erst im Jahr 2001 konnte ein weiterer Brand nur dank raschem Einsatz eines Löschhelikopters knapp verhindert werden. Das verkohlte Baumskelett steht heute noch als Mahnmal am Wegrand. Hirsche und Gämsen gedeihen im Aletschwald wieder sehr gut. Zu gut möglicherweise, denn viele junge Bäume leiden unter dem Verbiss oder den männlichen Hirschen, wenn diese ihr Geweih an Bäumen und Sträuchern fegen. Aber auch die Naturfreunde selber können zu einem Problem werden. Ende der 70er-Jahre besuchten in der kurzen Saison von Juni bis Oktober jährlich bis zu 100 000 Touristen den Wald. Heute sind es mit rund 60 000 wieder deutlich weniger. Der Status als Welterbe könnte den Tourismusstrom aber kräftig ankurbeln. Der erhöhte Wasserbedarf, durch den Tourismus mit verursacht, machte eine neue Wasserleitung aus dem Gebiet des Märjelensees nötig. Das erste Projekt sah einen offenen Kanal mit Strasse entlang der Nordflanke des Riedergrats vor. Dieses Vorhaben konnte glücklicherweise verhindert werden. Mit dem Status als Welterbe sind in Zukunft solche Bauten nicht mehr vereinbar. Wie sich die Klimaerwärmung auf die Pflanzen und Tiere im Aletschwald auswirken wird, kann man heute noch nicht abschätzen.

Nach dem Vorbild der amerikanischen Nationalparks eröffnete Pro Natura am Rand des Aletschwaldes 1976 ein wunderschönes und vorbildlich geführtes Besucherzentrum – das erste dieser Art in der

Nur etwa 20 Gämsen hatten bis 1933 im Aletschwald überlebt.

Schweiz. Tagesbesucher sind ebenso willkommen wie Einzelpersonen oder Gruppen, die hier übernachten wollen. Pro Natura hat zu diesem Zweck die alte Sommerresidenz von Ernest Cassel perfekt renoviert. Weltpolitik wird auf der Riederfurka heute nicht mehr verhandelt, dafür erhalten die Gäste einen Einblick in das fast noch kompliziertere Beziehungsgeflecht zwischen den Pflanzen und Tieren im Aletschwald.

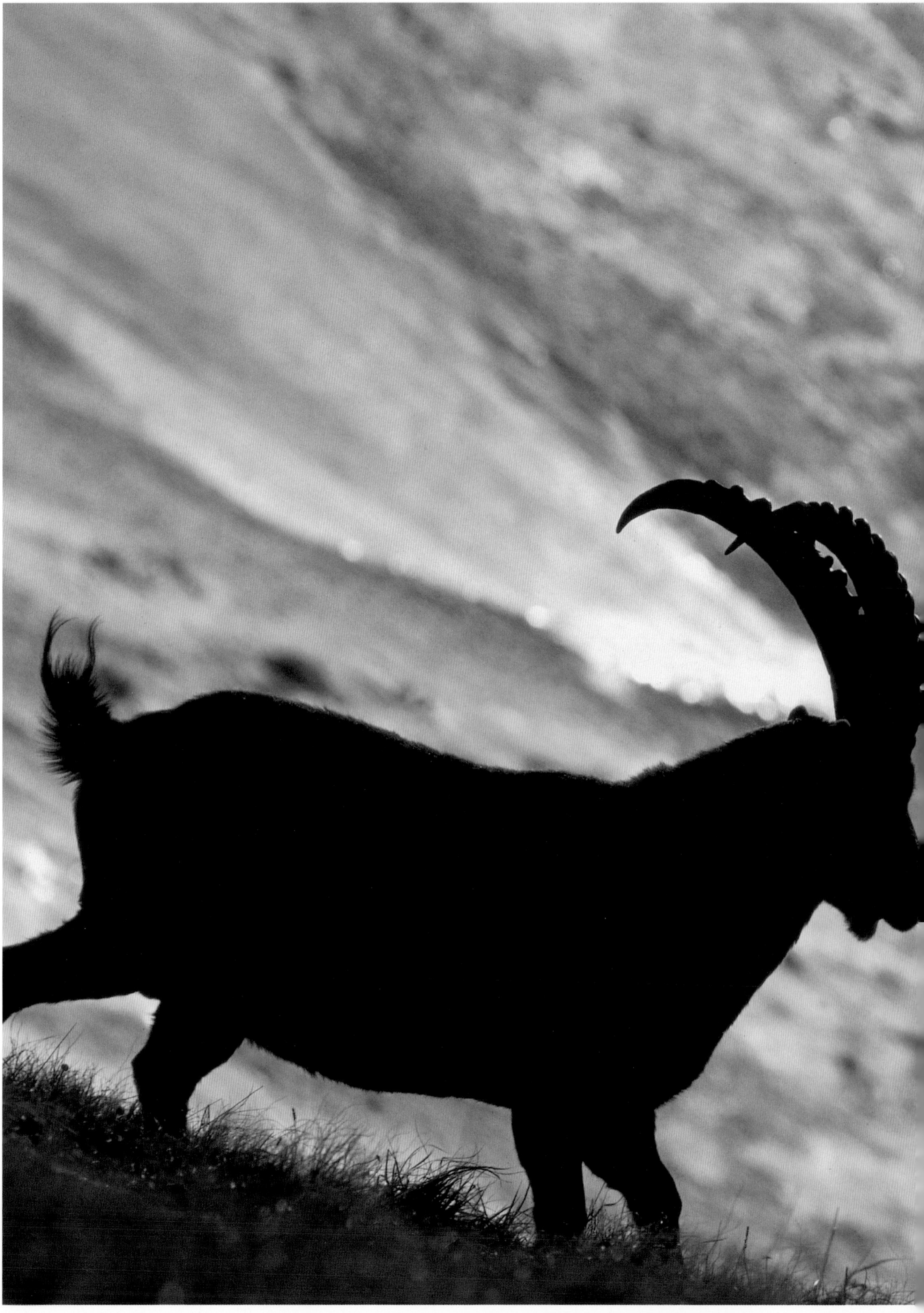

Extremisten der Höhe

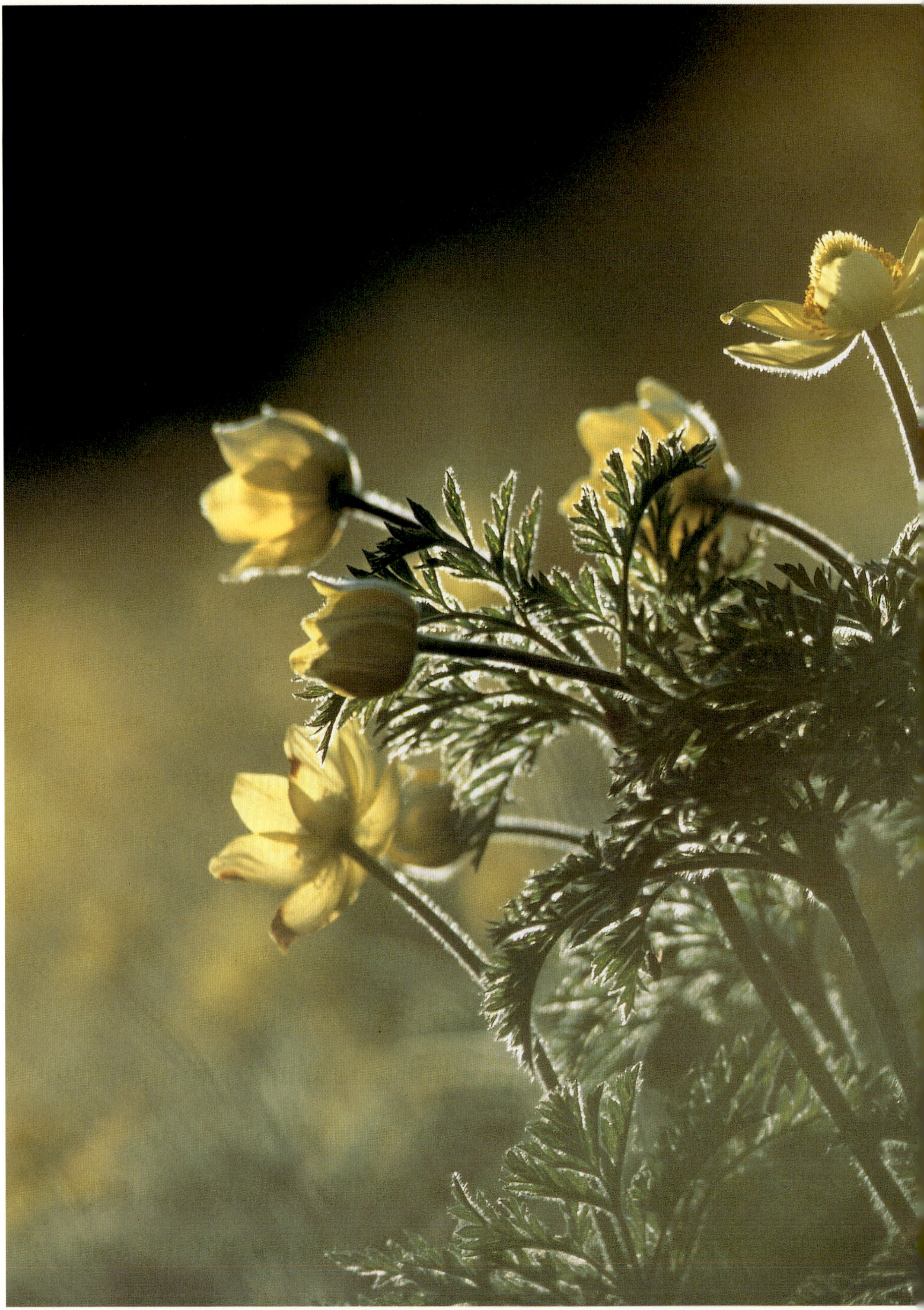

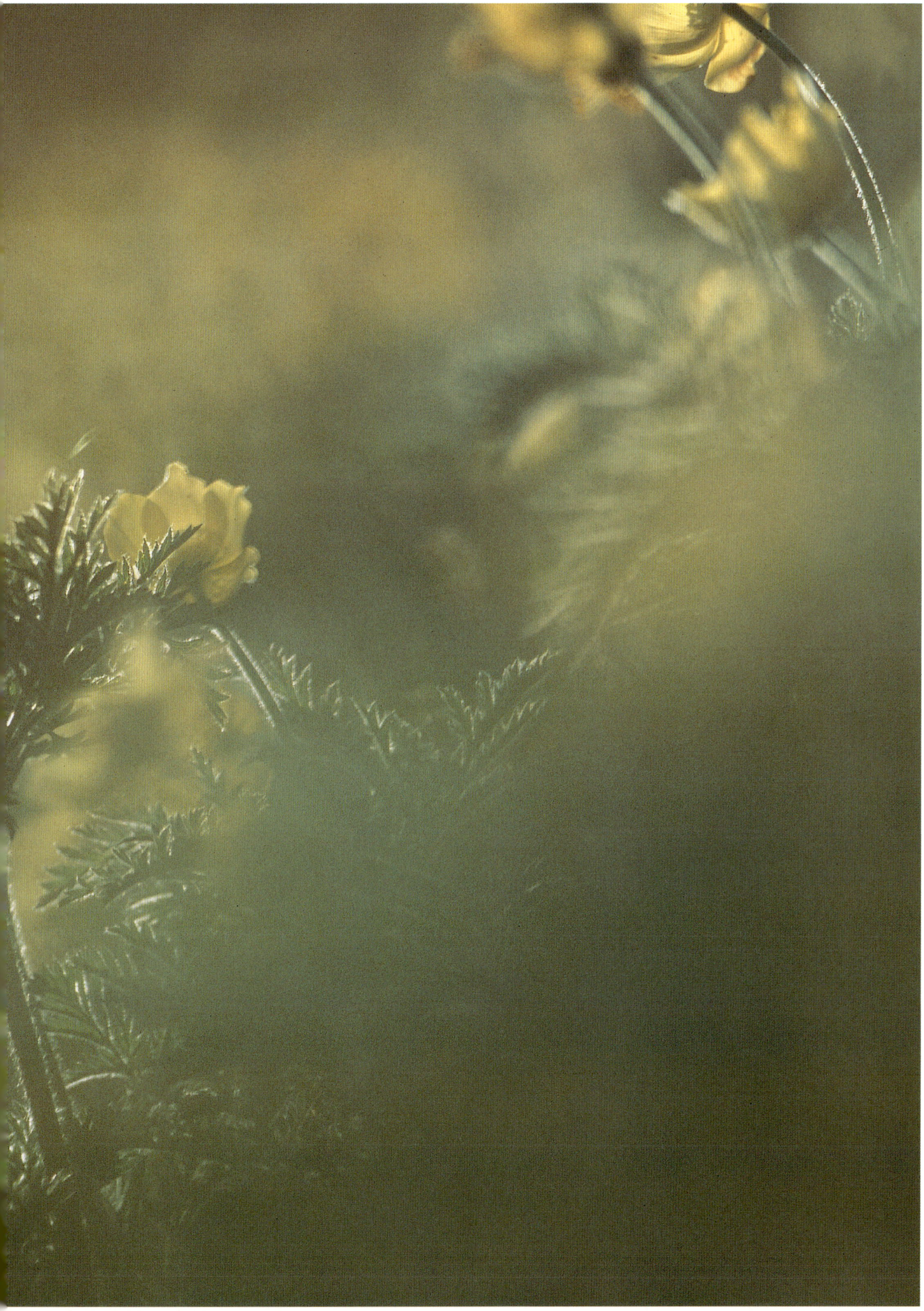

Die Kunst der Verführung und andere Strategie

Was machen wir Menschen, wenn Sturmwinde toben, wenn es Bindfäden regnet oder wenn eine polare Schlechtwetterfront die Landschaft mit klirrender Kälte überzieht? Wir bleiben nach Möglichkeit zuhause oder in einem schützenden Gebäude. Auch die Tiere verkriechen sich in einen behaglichen Schlupfwinkel, um mollig und warm die widrigen Umstände auszusitzen. Pflanzen nicht. Pflanzen sind auf Gedeih und Verderb den Härten ihres Lebensraumes ausgesetzt. Ihr Zuhause ist dort, wo sie wurzeln. Ihr Dach über dem Kopf der offene Himmel. Was auf sie zukommt, das müssen sie erdulden. Ganzjährig!

Die Lebensumstände von Gebirgspflanzen sind hart und geprägt von extremsten Gegensätzen: Für das Wachstum und die Vermehrung müssen sie sich mächtig ins Zeug legen. Das strenge Gebirgsklima offeriert nämlich nur eine ganz kurze, warme Saison. Ein Schattenhang auf 2500 Metern wird im Wallis für gerade mal zwei Monate im Jahr schneefrei. Obwohl es in den Bergen deutlich mehr regnet als im Flachland, droht den Pflanzen ständig die Gefahr der Austrocknung. Die kargen Böden vermögen Feuchtigkeit nur schlecht zu speichern. Permanent wehende Winde erhöhen die Verdunstung. Tiefe Temperaturen in der Nacht lassen Wasser selbst im Sommer gefrieren, wodurch es für die Pflanzen zeitweise nicht mehr erreichbar ist. Und vor allem herrscht in den Bergen eine schon fast wüstenhafte Lufttrockenheit. Die Produzenten von Trockenfleisch im Wallis und Graubünden freuts!

Gebirgspflanzen sind einem Dauerbeschuss von aggressiver Ultraviolettstrahlung ausgesetzt. Auf 1800 Metern ist die Einstrahlung bereits mehr als doppelt so hoch wie auf Meereshöhe. Das heizt ebenfalls die Bodenoberfläche kräftig auf. Felstemperaturen von 50° C und mehr sind ober-

Seite 74/75
Steinböcke gelten als die Symboltiere der Alpen. Sie verbringen auch den Winter über der Waldgrenze.

Seite 76/77
Die Schwefelanemone trifft man vor allem im südlichen Teil des Welterbes auf eher sauren Böden an. Die nah verwandte, aber weiss blühende Alpenanemone bevorzugt kalkhaltigen Untergrund.

Charakteristisch für die meisten Alpenpflanzen sind grosse Blüten, wie sie auch bei der Berg-Hauswurz anzutreffen sind.

Seite 78
Die hübsche Pelzanemone blüht früh im Jahr, kaum nachdem der Schnee weggeschmolzen ist. Wie vielen anderen Gebirgspflanzen auch, dienen ihr die Haare als Verdunstungs- und Strahlungsschutz.

halb von 2000 Metern keine Seltenheit. Ein Gewächs im Schatten daneben muss im gleichen Moment möglicherweise aber 0° C aushalten. Winde rupfen, zerren und schmirgeln unablässig an Pflanzenteilen. An schneefreien Kuppen und Graten auch im Winter. Vielleicht haben Sie selber schon erlebt, dass der Wind Schneekristalle ins Gesicht peitschen kann wie ein Sandstrahlgebläse.

Daraus folgt: Gebirgspflanzen sind klein und kompakt! Üppige Körperteile wären eine sinnlose und gefährliche Verschwendung. Ein extravaganter Spross würde schnell vom Wind geköpft oder von einem Kälteeinbruch tiefgekühlt. «Über der Waldgrenze wachsen Pflanzen kaum mehr höher als 20 Zentimeter», erläutert der ETH-Professor und ehemalige Institutsleiter Elias Landolt den Sachverhalt. Landolt ist so etwas wie die schweizerische Ikone der Alpenpflanzen-Ökologie und einigen vielleicht als Verfasser von «Unsere Alpenflora», SAC, bekannt.

Bestimmt haben Sie oberhalb der Waldgrenze aber auch schon ganz stattliche Pflanzen angetroffen. Dafür gibt es zwei einfache Erklärungen. Einerseits verhält sich die Natur ihrem Wesen nach höchst undiszipliniert und kümmert sich nicht in jedem Fall um Regeln oder Durchschnittswerte. Zum anderen – und das spielt hier vielleicht die wichtigere Rolle – hat der Mensch die Waldgrenze durch Abholzung künstlich nach unten verlegt. Damit konnte er mehr Fläche für saftige Almweiden gewinnen. Viele hochwüchsige Pflanzen über der heutigen Waldgrenze leben daher unter klimatischen Bedingungen, die Bäumen eigentlich noch behagen würden. Ein gutes Beispiel dafür ist die Alpenrose. Wo Sie Alpenrosen antreffen, könnte ohne den Einfluss des Menschen Wald stehen.

Was für uns eine Freude, ist für die Alpenpflanzen schlichte Notwendigkeit: grosse, bunte Blüten. Es geht um Sex und um die Kunst der Verführung. Alpenpflanzen lassen sich hauptsächlich

In Anpassungen an den harten Lebensraum wachsen Alpenpflanzen kaum mehr höher als 20 Zentimeter. Steinbrech im Baltschiedertal.

von Insekten bestäuben. Im kurzen Bergsommer herrscht um die zuverlässigen Blütenbesucher ein schneidender Wettbewerb. Nur wer sich mit Raffinesse und Show in Szene zu setzen weiss, kann die Konkurrenz ausstechen. Die knalligen, oft roten Farben dienen gleich noch einem weiteren Zweck. Wie Sonnencreme schützen die Pigmente die Zellen vor der intensiven Einstrahlung. Andere hüllen sich dafür unter einen dichten Pelz wie beispielsweise das Edelweiss. Die meisten Alpenpflanzen rüsten ihre äusseren Zellwände zusätzlich mit einer dicken Wachsschicht aus. Diese wehrt nicht nur das aggressive Licht ab, sondern minimiert ebenfalls die Verdunstung.

Durch ein langes und dickes Wurzelwerk erschliessen sich Gebirgspflanzen die spärlichen Wasser- und Nährstoffreserven im Boden. Im Extremfall trifft man bei kaum 10 Zentimeter hohen Pflanzen meterlange Wurzeln oder unterirdische Stängel an. Damit kann es sich die Pflanze auch einmal leisten, im oberirdischen Teil abzufrieren oder zu vertrocknen. Kompromisslos in ihrer Bauart, zeigen sich die verschiedenen Polsterpflanzen, die man bis in höchste Lagen antreffen kann. Die Pflanze igelt sich in ihrer kompakten, kugeligen Form geradezu gegen die widrigen Umweltbedingungen ein. Die Polster können sich wie Moose ausserdem mit Wasser voll saugen und das kostbare Nass für schlechte Zeiten speichern.

Wissen Sie, wieso Sie das Edelweiss nur am nördlichen Rand des Welterbes finden werden? Für Pflanzen spielt die Bodenbeschaffenheit eine wichtige Rolle, weil sie an ihrem Standort festsitzen. Am Alpennordrand herrscht kalkhaltiges Gestein vor. Bei der Verwitterung werden die Bestandteile von Kalk mehrheitlich mit dem Wasser weggespült. Denken Sie daran, wenn Sie das nächste Mal in eine Höhle kriechen oder über eine Karstplatte wandern. Weil sich das Gestein einfach auflöst, ist die Bodenbildung in Kalkgebieten eingeschränkt. Schuttfelder kann man hier

Die auffällig rote Blütenfarbe lockt nicht nur Insekten an, sondern schützt die Felsenprimel auch vor der starken Ultraviolettstrahlung in den Bergen.

oft bis in tiefere Lagen beobachten. Der Regen versickert schnell in den vielen Ritzen und Spalten. Wasser und Spurenelemente gelten in Kalkböden als Mangelware. Einige Pflanzen, wie eben das Edelweiss, haben sich auf diese Bodenverhältnisse spezialisiert.

In den meisten übrigen Gebieten des Welterbes bilden granitartige Gesteine die Unterlage. Diese lösen sich nicht einfach auf, sondern verwittern zu tonigen, tiefgründigen, aber auch sauren Böden. In der Regel treffen Pflanzen hier günstigere Bedingungen und mehr Nährstoffe an. Sie müssen sich allerdings mit einem relativ tiefen pH-Wert arrangieren. Man beobachtet deshalb auf diesen so genannten Silikatböden eine deutlich grössere Artenvielfalt. Damit herrscht zwischen den Pflanzen aber auch ein schärferer Konkurrenzkampf um Wasser und Mineralien.

Auf den zwei Gesteinsunterlagen, die die beiden unterschiedlichen Bodentypen hervorbringen, hat sich auf den frei gewordenen Flächen nach der letzten Eiszeit eine jeweils charakteristische Flora ausgebildet. Anpassungsfähige Pflanzen kommen mit beiden Böden zurecht. Paradoxerweise trifft man typisch säureliebende Arten in Kalkgebieten trotzdem recht häufig an. Die intensiven Niederschläge in der Höhe waschen in wenig steilen Lagen bald einmal allen Kalk aus, wodurch der meist humose Boden oberflächlich stellenweise versauert. Nicht nur deshalb finden wir im Gebirge auf engem Raum ein Mosaik diverser Lebensräume.

Mehr als 100 verschiedene Arten von Blütenpflanzen schaffen es, auf einer Höhe von 3000 Metern zu überleben. Wollen Sie allerdings den Rekordhalter im Welterbe besuchen, müssen Sie ganz hoch hinaus. Auf dem Finsteraarhorn finden Sie auf über 4000 Metern an besonders geschützten, südexponierten Stellen ganz klein gewachsene Exemplare des Gletscherhahnenfusses. Nur die Blüten bleiben gross wie bei den Vettern weiter unten.

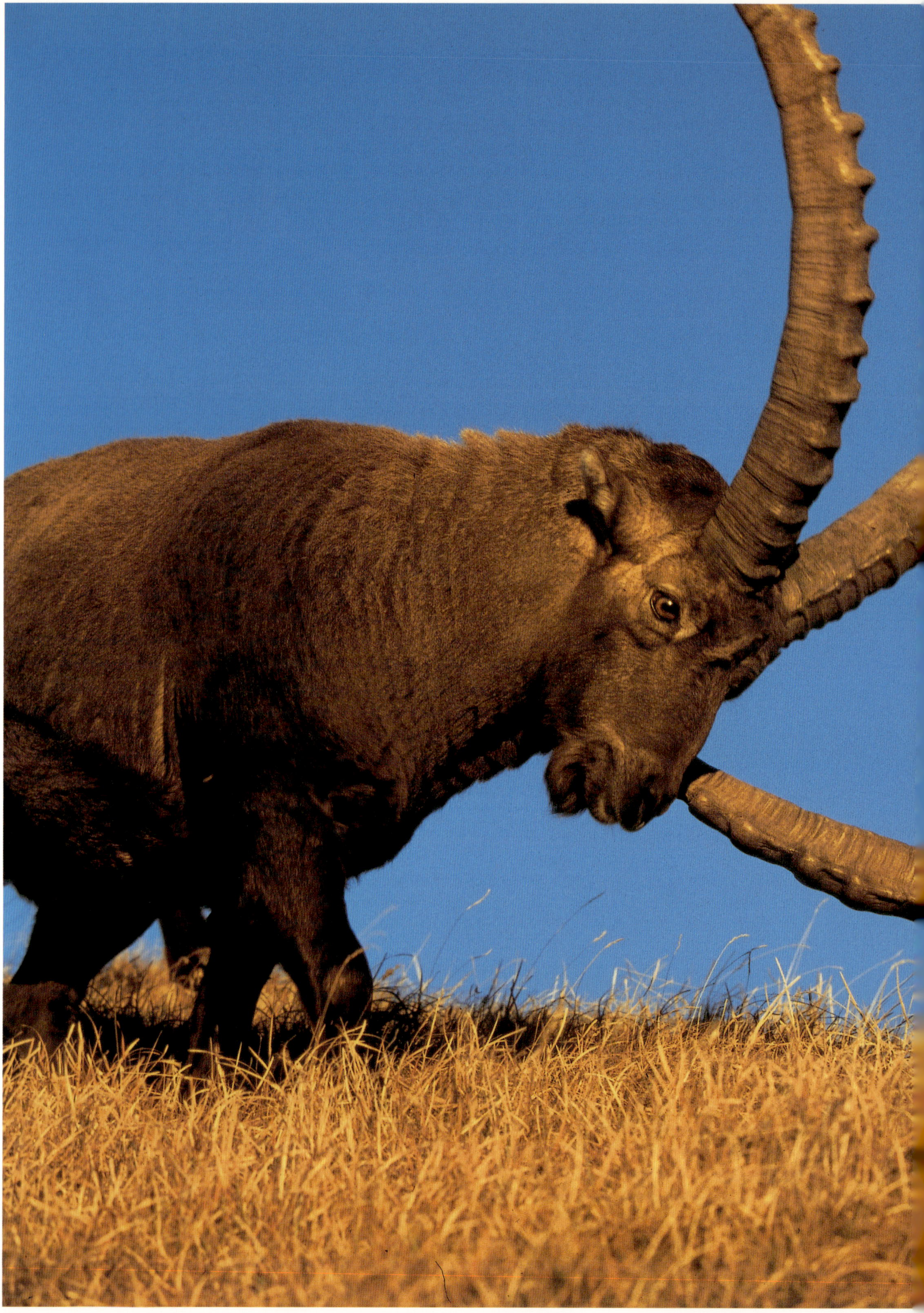

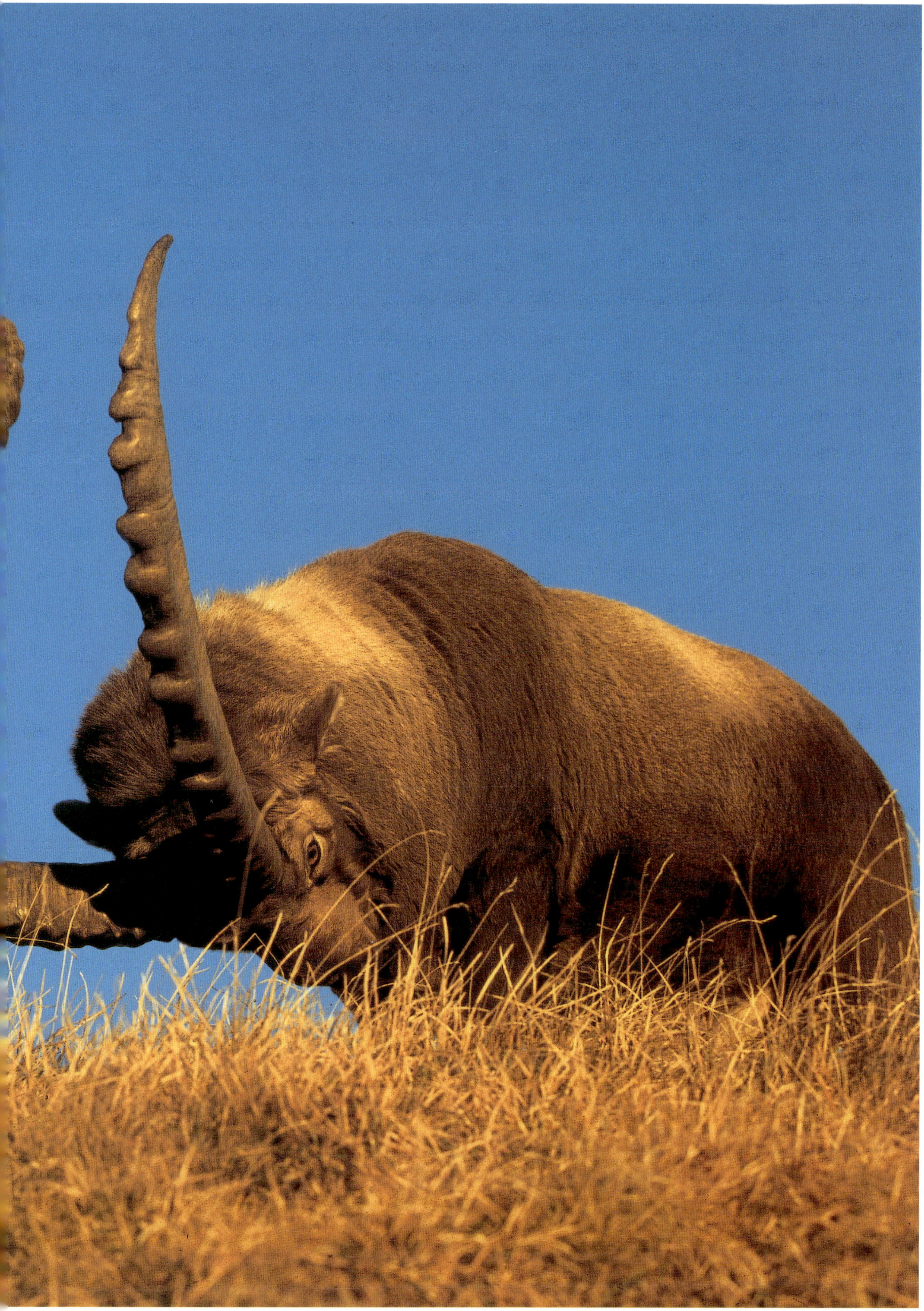

Fit, Fett und Frostschutz

Der Sommer überzieht die Alpen mit überwältigender Pracht. Bergwiesen blühen in einem bunten Hauch voller Exotik auf. Saftige, knackige Farben verzaubern die Landschaften. Myriaden von Insekten schwirren durch die Luft. Es ist eine Zeit des Überschwangs. Bloss, die scheinbar unvergängliche Quelle des Lebens sprudelt nur kurz. Bald versinkt die Oase wieder in einer eisigen Wüste aus meterhohem Schnee und klirrendem Frost. Und selbst im Sommer kann ein Schlechtwettereinbruch jederzeit Schnee und Kälte bis unter 2000 Meter bringen. Damit müssen die Lebewesen in den Alpen zurechtkommen. Anders als Pflanzen können Tiere aber ihren Aufenthaltsort auswählen und ihr Verhalten der Situation anpassen.

Im Herbst entvölkert sich die alpine Zone. Viele Bewohner flüchten in tiefere Lagen oder machen sogar, wie die meisten Singvögel, Urlaub im Ausland. Auf fast alle Insekten wartet nach dem Sommer der sichere Tod. Die nächste Generation überlebt als Eier oder Larven an geschützten Stellen. Nur wenige Tiere bleiben auch den Winter über in der Höhe. Zu ihnen gehört der Steinbock. Diese Wildziege ist das eigentliche Symboltier der Alpen. Im Spätsommer und Herbst trifft man sie in ihrem Lebensraum in den höchsten Lagen an. Selbst karge Weiden über 3000 Meter werden gerne aufgesucht, wenn es das Gelände erlaubt. Dort lassen sich die Tiere einschneien. Wird die Schneedecke mächtiger und der Zugang zum Futter schwieriger, wandern sie zu ihren Winterrefugien ab. Diese liegen meist tiefer an steilen, südexponierten Hängen, wo der abrutschende Schnee die verdorrten Gräser und Kräuter auch im Winter freigibt. Die ausgetrockneten Pflanzen liefern allerdings keine hochwertige Nahrung mehr. Die Steinböcke müssen nun von den Fettreserven zehren, die sie sich im Sommer zugelegt

Seite 82/83
Die Brunft der imposanten Steinböcke beginnt im November.

Steinbockkitze kommen im Juni auf die Welt, damit sie bis zum Einbruch des Winters genügend Kräfte sammeln können.

Seite 84
Murmeltiere verschlafen über die Hälfte des Jahres in ihrem Bau. Sie verlieren dabei bis zur Hälfte ihres Körpergewichts.

haben. Als wahre Hungerkünstler können sie aber auch längere Zeit ohne Fressen auskommen. Wenn nach einem entbehrungsreichen Winter endlich der Frühling ins Land zieht, können die Steinböcke der Verlockung des zarten Grüns nicht mehr widerstehen. Die Tiere steigen sogar unter die Waldgrenze, in eine für sie sonst fremde Welt ab. Dort verleiben sie sich genüsslich die ersten saftigen Pflanzen des Jahres ein. Schattige Nordlagen behagen ihnen, weil die Wärme und der dicke Winterpelz nun lästig werden können. Um die piksende Wolle abzustreifen, reiben sie sich an Stämmen oder Felsen und nehmen auch ihr Gehörn zu Hilfe. Dem grünen Band aus frischen Kräutern, das mit zunehmender Erwärmung in den Bergen nach oben steigt, ziehen die Steinböcke hinterher, bis sie im August erneut die höchsten Lagen besiedeln. Dort paaren sie sich im Dezember oder Januar, damit nach einer Tragzeit von rund 170 Tagen die Jungtiere im Juni, zu Beginn des sommerlichen Überflusses, auf die Welt kommen.

Auch andere Tiere überstehen mit erstaunlichen Strategien den strengen Bergwinter. Murmeltiere sagen bekanntlich der oberirdischen Welt ade, sobald Ende September die Verhältnisse unfreundlich werden. Erst Mitte April werden sie ans Licht und an die Sonne zurückkehren. Mehr als die Hälfte des Jahres verschlafen die putzigen Kerle im Bau zusammen mit ihren Familienmitgliedern. Damit sie die lange Gemeinschaftsruhe überstehen, fressen sich Murmeltiere bis zum Herbst eine Fettreserve von einem Fünftel ihres Körpergewichts an. Im Extremfall wiegen sie nach der langen Winterpause, in der sie keine Nahrung zu sich nehmen, nur noch die Hälfte!

Vor allem Rehe, aber auch Hirsche meiden schneereiche Regionen in der Höhe. Sollte es durch spezielle Umstände weiter oben trotzdem apere Plätze geben, können die Tiere durchaus auch dort überwintern. Am Julierpass wurden beispielsweise schon im tiefsten Winter Rehe auf einer Höhe von über 2000 Metern beobachtet. Neueste Forschungsarbeiten haben ausserdem aufgedeckt, dass Hirsche nach Bedarf eine Art Winterruhe einlegen können. Wenn sich die Tiere ungestört fühlen, fahren sie kurzzeitig ihre Körpertemperatur und die Herzschlagfrequenz nach unten. Damit schonen sie wichtige Energiereserven. Die Wissenschaftler nehmen an, dass auch andere Huftiere wie Rehe, Gämsen und Steinböcke diesen Energiesparmodus einschalten können.

Um einen eiskalten und ebenso raffinierten Typen handelt es sich beim rabenschwarzen Alpensalamander. Dieser verzieht sich im Herbst in ein frostfreies Versteck und verfällt unter der Schneedecke in eine Winterstarre. Erst milde Temperaturen vermögen das wechselwarme Tier im Frühling wieder zum Leben zu erwecken. Anders als die anderen Amphibien legt er seinen Laich nicht in ein Gewässer ab. Vielmehr brütet er diesen in seinem eigenen Körper aus und bringt nach der längsten Tragzeit im Tierreich, nach drei bis vier Jahren, bis zu vier Junge lebend zur Welt. Keine schlechte Strategie, um die trockenen und kalten Alpen zu besiedeln.

Was für Amphibien gut, kann den Reptilien nur billig sein. Den Trick der Lebendgeburten beherrschen Bergeidechsen ebenso wie Kreuzottern. Beide kann man auch über der Waldgrenze antreffen, wo sie die kalte Jahreszeit ebenfalls in einer Winterstarre überstehen.

Mit einem ernsthaften Dilemma sehen sich überwinternde Vögel konfrontiert. Dicke Fettreserven wie bei Säugetieren sind für sie keine Option. Sie würden mit der Zusatzlast nicht mehr abheben. Fit oder fett ist hier die Frage. Die Quadratur des Kreises scheint das Wintergoldhähnchen zu vollbringen. Ausgerechnet der kleinste Vogel Europas trotzt dem harten Bergwinter in den Alpen. Kleine Tiere geben mehr Wärme ab als grosse, weil Körperoberfläche und Körpervolumen in einem ungünstigen Verhältnis zueinander stehen. Nur schon deshalb startet das gerade fünf Gramm schwere Leichtgewicht aus einer denkbar schlechten Ausgangslage. Trotzdem kann es in einer Januarnacht bei −20° C über 16 Stunden lang die nötige Körpertemperatur von +41° C halten. Am Morgen fehlt dem Vogel aber ein Viertel seines Körpergewichts, das er in einer einzigen Nacht im Kampf gegen die Kälte verfeuert hat! Stellen Sie sich vor, Sie würden eines Wintermorgens bis auf Haut und Knochen ausgemergelt erwachen … Am nächsten Tag ist für das Wintergoldhähnchen die rastlose Suche nach verschiedenen kleinen Insekten an Fichten und Tannen angesagt. Misslingt das Auffüllen der Brennstoffdepots, besteht für den befiederten Winzling höchste Lebensgefahr. Studien aus Finnland haben gezeigt, dass in strengen Wintern neun von zehn Wintergoldhähnchen die kalte Jahreszeit nicht überleben. In durchschnittlichen Wintern gibt es natürlich geringere Verluste.

Es stellt sich die Frage nach dem Warum! Wieso quälen und mühen sich die Tiere mit derart widrigen und lebensbedrohlichen Bedingungen ab? Der Schein trügt möglicherweise. Wer es schafft, die richtigen Strategien zu entwickeln, wird mit einem abwechslungsreichen und im Sommer sogar überschwänglichen Lebensraum belohnt. Im Gebirge herrscht ausserdem ein viel geringerer Konkurrenzkampf als im Tiefland. Kein anderer grosser Pflanzenfresser macht beispielsweise dem Steinbock sein luftiges Reich streitig, denn die Gämse bevorzugt tiefere Lagen. Sind die Alpen also wirklich so übel? Fragen Sie den Gletscherfloh! Am wohlsten fühlt sich dieses Urinsekt bei Temperaturen um null Grad. Es darf aber durchaus bis −16° C und im Ausnahmefall sogar unter −25° C werden. Spezielle Stoffe in seinen Körpersäften dienen als Frostschutzmittel. Zur Höchstform läuft er sowieso erst im Winter auf, wenn er unter einer molligen Schneeschicht seine aktivste Lebensphase entfaltet. Nahrung ist in Form von kleinsten Pflanzen- und Staubteilchen jederzeit reichlich vorhanden. Jetzt legt er seine Eier, aus denen wenig später putzmuntere Jungflöhe schlüpfen.

Der Winter erreicht die Steinböcke im Hochgebirge. Sobald die Schneedecke zu mächtig wird, wandern sie in die tiefer liegenden Winterquartiere.

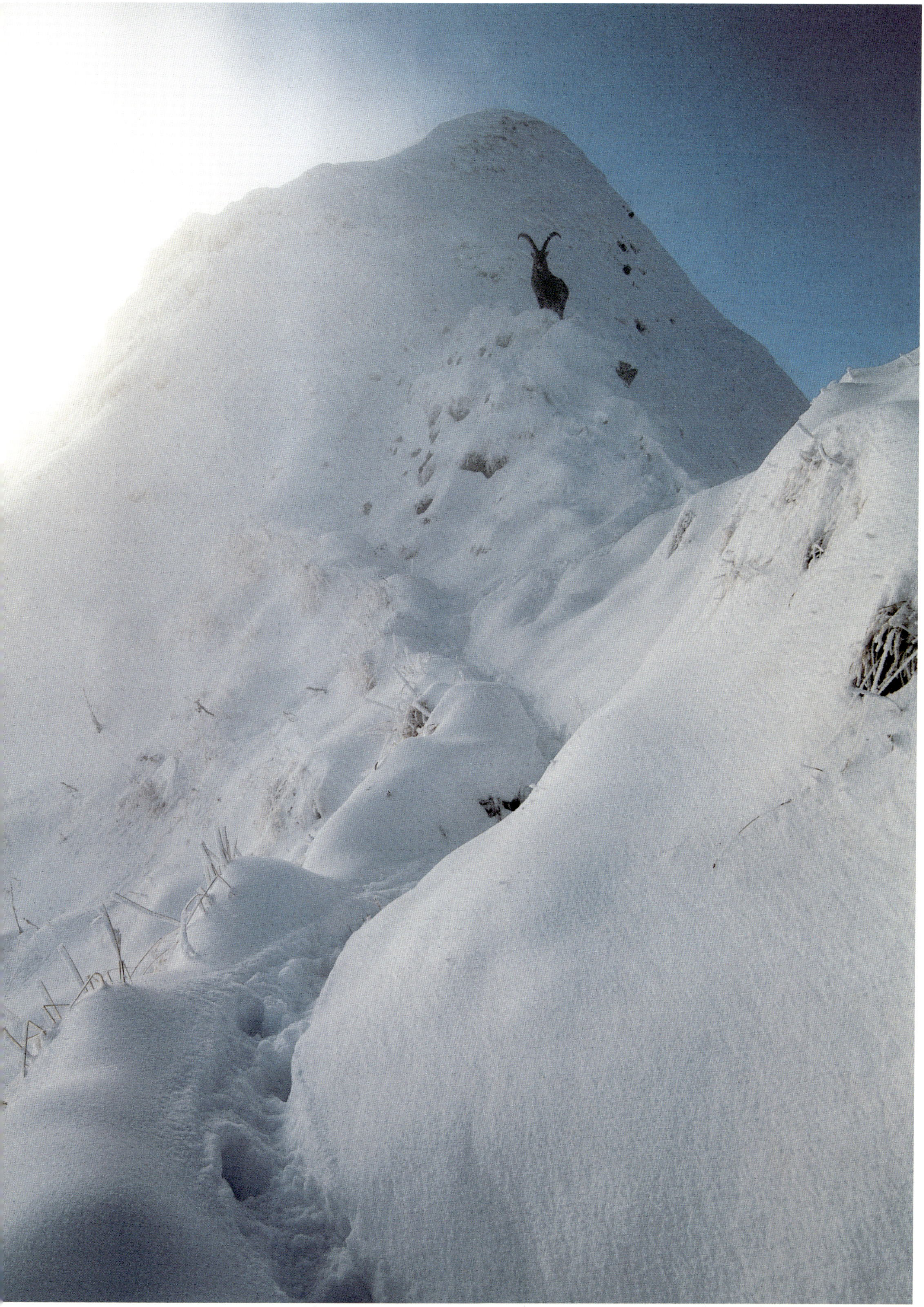

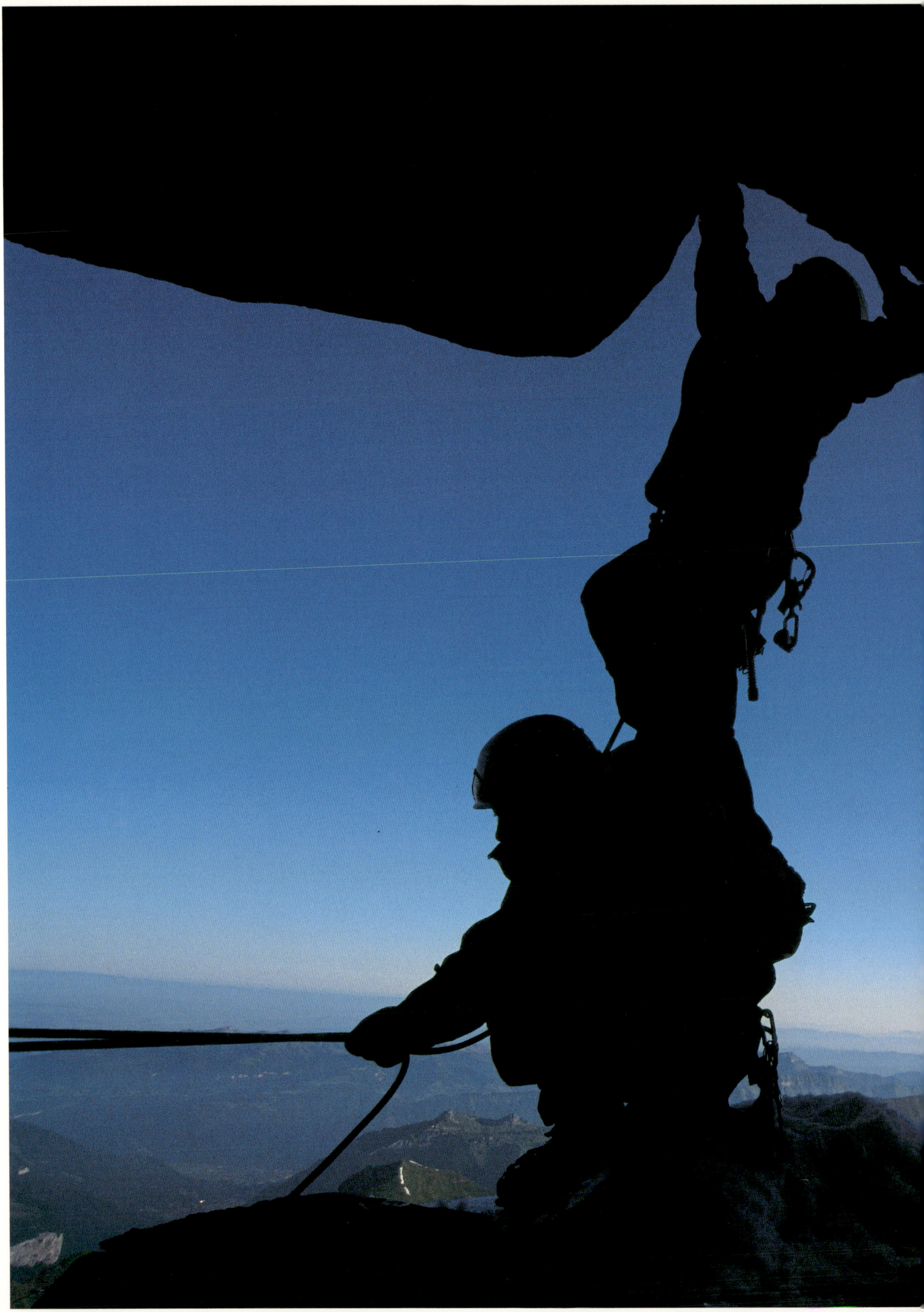

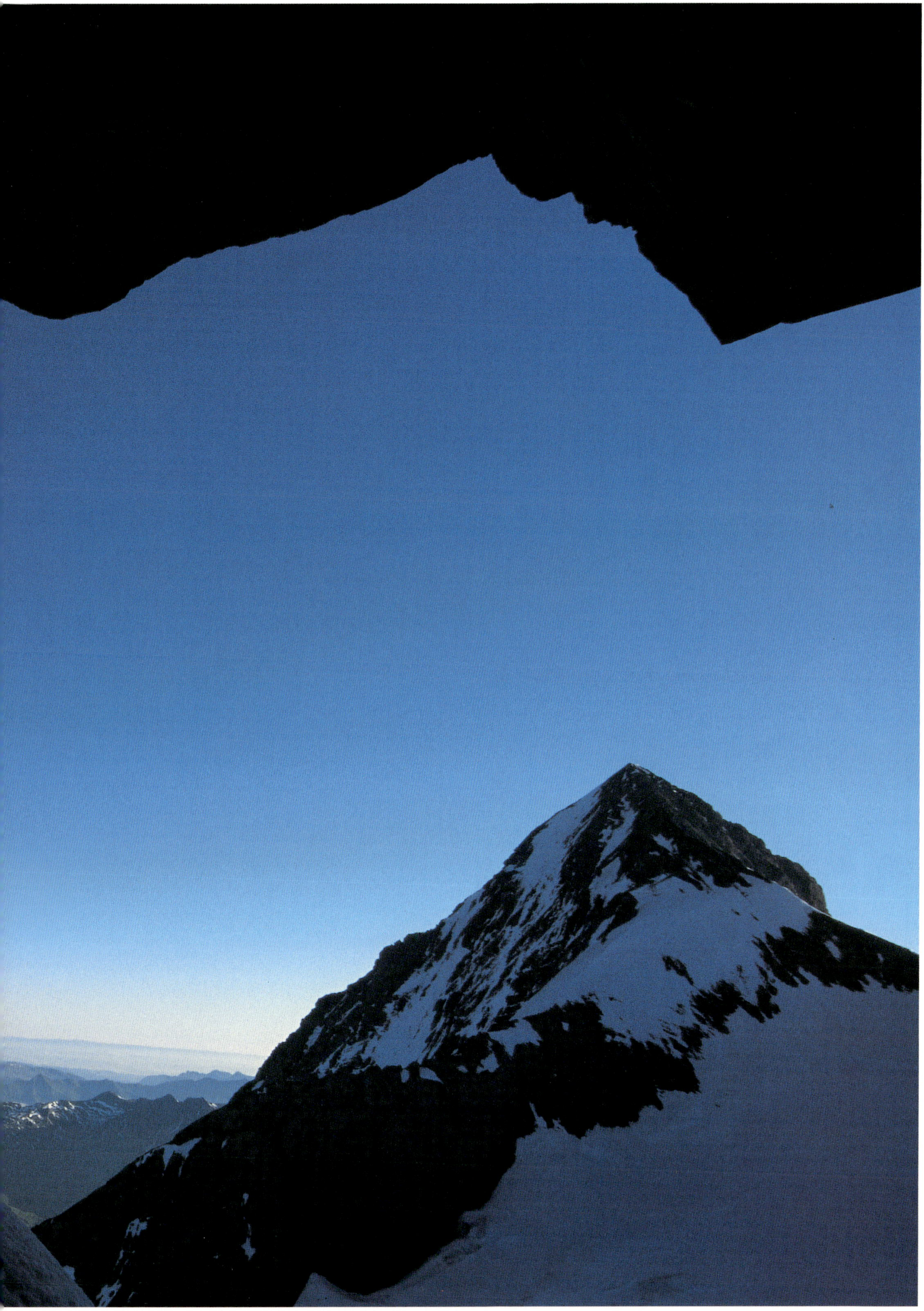

Mit Stahlspitzen und messerscharfen Kante

Fromme Ordensbrüder haben nicht nur das Schiesspulver oder die Genetik erfunden, sie gelten hochoffiziell auch als Wegbereiter des Bergsteigens. So erklimmt im April 1336 der bekannte italienische Geistliche, Dichter und Humanist Francesco Petrarca (1304–1374) zusammen mit Begleitern den Mont Ventoux in den französischen Seealpen. Petrarca sucht auf dem Berg nicht etwa die Nähe zu Gott, wie man meinen könnte. Sein «Streben nach Höherem» unternimmt er aus purer Neugier, ohne Auftrag und *«lediglich aus Verlangen»*. Auf dem Gipfelplateau richtet er den Blick auf die Erde zu den Menschen und nicht nach oben zu den himmlischen Mächten. Weil Petrarca bei seiner Tour auf den «Windigen Berg» Naturerlebnis, Zufriedenheit und *«Erregungen des Herzens»* empfindet, wird er auch als geistiger Vater der Bergsteiger gehandelt. Und Hand aufs Herz, wieso zieht es uns heute in die Höhe? Wenn wir die Profialpinisten einmal ausklammern, gibt es für unser Gipfelstreben nicht den geringsten Zwang. Wir suchen genau wie der Kirchenmann vor rund 650 Jahren das Naturerlebnis, die Anspannung und die Zufriedenheit danach. Natürlich kann man davon ausgehen, dass Menschen schon viel früher auf Berge gestiegen sind, sehr wahrscheinlich schon in der Steinzeit. Denken Sie nur an die über 5000 Jahre alte Gletschermumie «Ötzi»! Vor Petrarca stellt allerdings kein Autor die persönlich empfundenen Glücksgefühle beim Gipfelsturm in den Vordergrund. Der Mont Ventoux, 45 Kilometer nordöstlich von Avignon, ist übrigens nicht viel mehr als ein mit Büschen bewachsener, 2000 Meter hoher Hügel. Die erste wirklich schwierige Tour unternimmt ein gewisser Antoine de Ville im Kolumbusjahr 1492 durch eine Wand auf einen bis dahin unbezwingbar gehaltenen und selbst heute noch Respekt einflössenden Felsturm namens Mont Aiguille südlich von Grenoble.

*Seite 88/89
Kletterer in der Nordwand des Mönchs. Auch um 1860, in der «Goldenen Zeit des Alpinismus», lockte das Berner Oberland viele, in erster Linie britische Alpinisten an.*

Kletterer mit Ausblick. In der ersten Hälfte des 20. Jahrhunderts erweiterten vor allem deutsche und österreichische Bergsteiger den alpinistischen Horizont. Guggihütte.

*Seite 90
Letzter Schritt auf den Mönch. Der Erste war hier der Deutsche Sigismund Porges zusammen mit drei Führern aus dem Oberland im Jahr 1857. Die meisten anderen Gipfel wurden von Briten erstbestiegen.*

Richtig los mit dem Alpinismus geht es aber im 19. Jahrhundert und das Gebiet des Welterbes spielt dabei eine wichtige Rolle. Neben einheimischen Naturwissenschaftlern und Forschern prägen vor allem britische Bergtouristen in zunehmendem Mass diese Epoche. Die meist steinreichen und hoch gebildeten Sirs von der Insel suchen in den Alpen körperliche Ertüchtigung und geistige Erbauung, fernab von den Alltagsverpflichtungen zuhause. Als Startschuss für die britische Ära und die «Goldene Zeit des Alpinismus» gilt die Besteigung des Wetterhorns durch Alfred Wills im Jahr 1854. Bereits drei Jahre später wird 1857 in London der weltweit erste Alpenclub gegründet. Weil es noch keinen anderen gibt und möglicherweise auch aus ihrem imperialen Selbstverständnis heraus, nennen die Briten den Verein schlicht und einfach «Alpine Club». So ist es bis heute geblieben.

1858 steigt Charles Barrington zusammen mit zwei Führern als erster Mensch auf den Eiger. Francis Fox Tuckett gilt als Erstbegeher des Aletschhorns, das er 1859 zusammen mit drei Führern angeht. Leslie Stephen erreicht ebenfalls zusammen mit drei Führern im selben Jahr als Erster das Bietschhorn. Die Jungfrau wurde allerdings bereits 1811 von den beiden Schweizer Wissenschaftlern und Brüdern Johann Rudolf und Hieronymus Meyer sowie zwei Führern über den Rottalsattel bestiegen. Der Berg erhält deswegen kurzfristig den Übernamen «Madame Meyer». Die Briten hinterlassen an vielen weiteren Bergen in den Alpen und im Welterbe ihre Spuren. Ihre Reiseberichte und literarischen Auswertungen tragen die Idee des Bergsteigens und des Alpentourismus in die ganze Welt hinaus. Als letzter Hauptgipfel wird 1865 das Matterhorn durch Edward Whymper, drei weitere Begleiter sowie drei einheimische Führer geknackt. Beim Abstieg kommt es zu dem bekannten Drama mit dem tödlichen Absturz von vier der sieben Männer. Das tragische Ereignis löst einen grossen Wirbel aus, denn die Briten verstehen damals das Bergstei-

Der bekannte Mittellegigrat bietet interessante Kletterei bei unglaublichem Panorama. 1921 gelang dem Japaner Yuko Maki zusammen mit drei einheimischen Führern und einer sechs Meter langen Holzstange der erste Aufstieg.

gen als erbauliches Spiel für Körper und Geist, das keine einzige Leiche wert sein darf. Eines der ersten Bergbücher, vom Besteiger des Bietschhorns, Leslie Stephen, verfasst, erscheint 1871 unter dem Titel *«The Playground of Europe»*, der Spielplatz Europas. Eine Spielwiese sollte sicher nicht der Ort für Blut und Knochenbrüche sein. Nach der «Eroberung der Alpen» richtet sich das Interesse der Bergsteiger auf schwierigere Routen von bereits bestiegenen Gipfeln, vor allem aber auf das Neuland in aussereuropäischen Gebirgen.

Um den Briten entgegenzuhalten, gründen aufrechte Eidgenossen 1863 als dritte Nation nach Österreich den Schweizer Alpen-Club. Bereits einige Jahre vorher wurde 1857 nach dem Vorbild von Chamonix in Grindelwald eine Bergführervereinigung ins Leben gerufen. Während die reichen Briten immer mit Führern unterwegs sind, tritt nach der «Goldenen Zeit» vermehrt eine neue Generation von Kletterern auf den Plan, die jung, wild und «führerlos» agieren. In der ersten Hälfte des 20. Jahrhunderts setzen vor allem deutsche und österreichische Kletterer mit einer völlig anderen Philosophie Markstein im Welterbe. Ganz im Gegensatz zu den Briten handelt es sich um eher mittellose Leute aus sozial unteren Schichten mit geringem Bildungsgrad. Für sie ist das Klettern nicht einfach nur erbauliches Vergnügen und Ferienangelegenheit, sondern weitgehend Berufung. Dabei kommt es durchaus auch zu einer Verherrlichung des Todes und zu einem überspitzten Heroentum. *«Wer mir folgen will, muss bereit sein zu sterben»*, ertönt es aus dem Mund des Karwendelpioniers Hermann von Barth. *«Durchkommen oder umkommen»*, heisst die Devise in vielen elitären Jungmannschaften des Deutschen Alpenvereins. Die neue Generation pflegt auch einen ganz unverkrampften Umgang mit Fels- und Eishaken. Unter dem Einsatz dieser modernen Sicherungsmittel gelingt dem bekannten deutschen Kletterer Wilhelm «Willo» Welzenbach in wenigen Jahren die Durchsteigung von verschiedensten, schwierigsten Eiswänden, dar-

Steilwandskifahrer am frühen Morgen kurz vor dem Gipfel des Mönchs. Erst in den 70er-Jahren des 20. Jahrhunderts tauchte diese Spielart des Alpinismus auf.

unter 1930 die Nordwand des Gross Fiescherhorns oder 1932 die Grosshorn-Nordwand. Aber auch der Schweizer Hans Lauper hinterlässt in dieser Zeit in fast allen grossen Nordwänden des Berner Oberlandes eine klassische Route nach der anderen. Vor diesen zittern selbst heute noch manche Anwärter/innen. Lauper ist zwar zeitgleich, aber nicht mit dieser Alles-oder-Nichts-Ideologie unterwegs. 1938 finden die in der deutsch-österreichischen Seilschaft verbundenen Heckmaier/Vörg und Kasparekt/Harrer schliesslich als erste Menschen einen Weg durch die damals schwierigste und gefürchtetste Eigernordwand.

In der Neuzeit prägt die Versöhnung des Sportkletterns mit dem klassischen Alpinismus und die damit verbundene Erschliessung von allerschwierigsten Routen in den abweisendsten Wänden die Szene. Aber auch Extremskifahrer haben die Alpen längst als Tummelplatz entdeckt. Der als «Skifahrer des Unmöglichen» bezeichnete Walliser Bergführer Sylvain Saudan löst einen enormen Medienwirbel aus, als er sich 1970 mit einem Helikopter auf den Eiger fliegen lässt und anschliessend unter den staunenden Blicken der Zuschauer die Westflanke hinunterfährt. Grosse Aufmerksamkeit ist auch dem Südtiroler Heini Holzer sicher, dem 1975 solo Aufstieg und Abfahrt über die Nordflanke des Aletschhorns gelingen. Heini Holzer gilt als der Steilwandpionier schlechthin. 1981 setzt der einheimische Hansruedi Abbühl mit der Abfahrt über die Nollenroute am Mönch einen weiteren Meilenstein. Noch ohne Wiederholung ist jedoch bis heute die Fahrt von Toni Valeruz und Bruno Pederiva über die Lauper-Route in der Eiger-Nordostwand im Jahr 1983 geblieben. Bei einem gescheiterten Versuch schafft der Innerschweizer Marcel Steurer immerhin die Abfahrt aus dem Lauperschild. Steurer kann 2002 aber die Erstbefahrung über die 1200 Meter hohe Westwand am Mönch für sich verbuchen. Schauen Sie sich diesen Abgrund einmal an, wenn Sie das nächste Mal auf der Sphinx-Terrasse beim Jungfraujoch stehen ...

Ein Hauch von Mittelmeer und Steppe

Ein Zirpen und Summen erfüllt die Luft, zarte Schmetterlinge gaukeln über den Boden, Grashalme und bunte Blüten wogen zwischen kahlen Felsplatten im Wind. Ab und zu spendet ein lichter Föhren- oder Eichenhain willkommenen Schatten. Der würzige Duft ätherischer Öle hüllt die Landschaft ein. Hier, an den Hängen über Visp oder Gampel, breitet sich die Walliser Felsensteppe aus, eine eigene, fremdländische Atmosphäre verströmend. Bereits der Berner Arzt und Gelehrte Albrecht von Haller (1708–1777) wähnte sich im «*Spanien der Schweiz*». Auch der in Prag geborene Dichter Rainer Maria Rilke (1875–1926) liess sich hier verzaubern. Schuf dieses spezielle Ambiente den Nährboden für seine produktivste Schaffensphase auf Château de Muzot oberhalb von Siders? Rilke ist in Raron am Fuss der Felsensteppe begraben. «*Rose, oh reiner Widerspruch, Lust, Niemandes Schlaf zu sein unter soviel Lidern*», verkündet seine Grabinschrift. Verweisen die poetischen Zeilen etwa auf die Blüten im Hang oberhalb seiner Ruhestätte?

Mit den höchsten, über 4500 Meter reichenden Gipfeln im Süden, den Berner Alpen im Norden, der Furka im Osten und dem Rhoneknie bei Martinach im Westen bildet das Wallis ein zentralalpines Tal, das von allen Seiten durch hohe Gebirgszüge abgeschlossen ist. Schlechtwetterfronten regnen sich an der Aussenseite der Bergmassive aus, bevor sie ins Wallis ziehen. Dort kommt die Luft meist klar und trocken an. Man misst hier die geringsten Niederschlagswerte der Schweiz. Der Rekordhalter Ackersand, ein Ort südlich von Visp, erhält mit 521 mm nur halb so viel Feuchtigkeit wie das Mittelland. Die geringe Luftfeuchtigkeit und die spärliche Bewölkung führen am Tag zu einer starken Sonneneinstrahlung. Das klare, trockene Klima und das intensive Sonnenlicht erzeugen in Walliser Südlagen Wärme- und Trockeninseln, die anderswo in Mitteleuropa selten anzutreffen sind. Ohne abschirmende Wolkendecke ist in den sternenklaren Nächten aber auch die Abstrahlung gross. Die Temperaturgegensätze zwischen Tag und Nacht oder zwischen Sommer und Winter fallen daher im Wallis beträchtlich aus. Man spricht von einem subkontinentalen oder kontinental gefärbten Klima.

Viele der in der südexponierten Walliser Felsensteppe heimischen Tier- und Pflanzenarten gelten als wahre Raritäten. Ihre Hauptverbreitung haben sie sonst im Mittelmeerraum oder in den Steppengebieten Osteuropas, wo vergleichbare klimatische Verhältnisse herrschen. Das auffällige Federgras beispielsweise, dessen lange, fein bewimperte Fortsätze im Rhythmus des Windes hin und her spielen, kommt vor allem in den Steppen Ungarns und der Ukraine vor. Dort prägt es über tausende von Kilometern das Antlitz der Landschaft. Ebenfalls der Sefistrauch, der mit den Zypressen verwandt ist, oder viele Tragant- und Spitzkielarten, die zu den Schmetterlingsblütlern gehören, stammen ursprünglich aus dem Osten. Einen Hauch Mittelmeer verströmen die Flaumeiche, der Gemeine Natternkopf mit seinen markanten, lila-violetten Blütenständen oder der erst vor einigen Jahrzehnten eingewanderte Perückenstrauch, der sich im Herbst augenfällig rot einfärbt. Als besondere Rarität gedeiht in der Felsensteppe an wenigen Stellen das Schweizer Meerträubchen, das sonst nur noch in zwei anderen Tälern Italiens vorkommt.

Was für die botanische Vielfalt und Einzigartigkeit gilt, lässt sich gleichermassen auf die Tierwelt übertragen. Die im Paarungskleid grün und blau gefärbte Smaragdeidechse, die Gottesanbeterin oder der gelb gefärbte Schmetterlingshaft stehen stellvertretend für Tiere, die für die Schweiz aussergewöhnlich sind. Das Gebiet der Felsensteppe und die kühleren Hanggebiete darüber wurden ausserdem als «Important Bird Area» (Wichtiges Vogelgebiet) ausgeschieden. In dem weltweiten Netzwerk der «Bird Areas» werden Vogelarten geschützt, für deren Überleben ein Land eine spezielle Verantwortung trägt. Im Besonderen gilt dies hier für die Alpenbraunelle, den Steinrötel, das Steinhuhn und andere. Man kann hier viele, sehr exotisch anmutende Vögel antreffen. Wo sonst in der

Pechnelke

Schopfige Bisamhyazinthe

Schweiz brütet der bunte Bienenfresser, der Wiedehopf mit dem bei Erregung aufstellbaren Kamm, der Ortolan, der zu den Ammern gehört, oder die Weissbartgrasmücke, die als die mediterrane Art schlechthin gilt?

Von allen Lebensräumen im oder am Welterbe beherbergt die Walliser Felsensteppe die seltensten und exotischsten Arten und zeichnet sich mit der höchsten Biodiversität aus. Die traditionelle Beweidung mit Ziegen und Schafen, die Abholzung oder das Abtragen von Boden zu Düngezwecken haben das Ökosystem der fast baumlosen Walliser Felsensteppe gefördert. Ohne den menschlichen Einfluss wäre der lichte Föhren- oder Flaumeichenwald weiter verbreitet. An vielen Orten hat man die Felsensteppe allerdings gerodet, um Raum für Weinberge zu gewinnen.

Färberweid

Kartäusernelke

Nicht nur die Natur, sondern auch der Mensch musste sich mit den trockenen Bedingungen arrangieren. Die einheimischen Bauern entwickelten eine lange Tradition der Bewässerungs-Landwirtschaft. Leitungen aus ausgehöhlten Baumstämmen brachten das kostbare Nass von den Gletscherbächen auf die Äcker. Die «Suone» oder «Bisse» genannten Leitungen mussten in waghalsigen Konstruktionen an zum Teil überhängenden Felswänden entlanggeführt werden. Beim Bau und Unterhalt ereigneten sich immer wieder tödliche Unfälle. Aber die Menschen hatten keine andere Wahl, sie brauchten das «Heilige Wasser», um hier überleben zu können. Dafür gedieh unter den speziellen klimatischen Bedingungen eine Pflanze, die mit Gold aufgewogen wurde: Safran, ein ursprünglich ostmediterranes Gewächs. Auch heute noch baut man auf dem Gemeindeboden von Mund Safran an. Ein Schweizer Söldner soll, so will es die Legende, die erste Zwiebel im Haar versteckt hierher gebracht haben. Der Handel mit dem roten Gold war im Mittelalter eines der einträglichsten Geschäfte. Auf den Schmuggel von Safran stand die Todesstrafe. Um ein einziges Gramm des Gewürzes zu gewinnen, müssen nach der Ernte 390 Fäden aus den blassvioletten Blüten gezupft werden. Der Handelswert eines Kilogramms Safran beträgt selbst heute noch 12 000 Schweizer Franken. In seiner Konsistenz ist der Bergsafran, wie Gutachten der Universität Bern bestätigen, naturgemäss unübertroffen. Über die Wirkung des Pulvers herrscht ebenfalls kein Zweifel. Seit dem Mittelalter hilft Safran sozusagen gegen alles, bei Männern wie bei Frauen. Neuerdings experimentiert man mit der Herstellung von Käse.

Mit den klimatischen Vorzügen rühren die Gemeinden der Südhänge auch die touristische Werbetrommel. Unter der Dachmarke «Sonnige Halden» machen sie sich für einen sanften, naturverträglichen Fremdenverkehr stark. Wandern, Klettern oder spezielle Themenwochen sind hier angesagt. Vielleicht steht aber auch ein Gericht mit Safran aus der hiesigen Produktion auf dem Programm oder man begibt sich in den sonnendurchfluteten Hängen auf die Suche nach der widersprüchlichen Rose mit den vielen Lidern ...

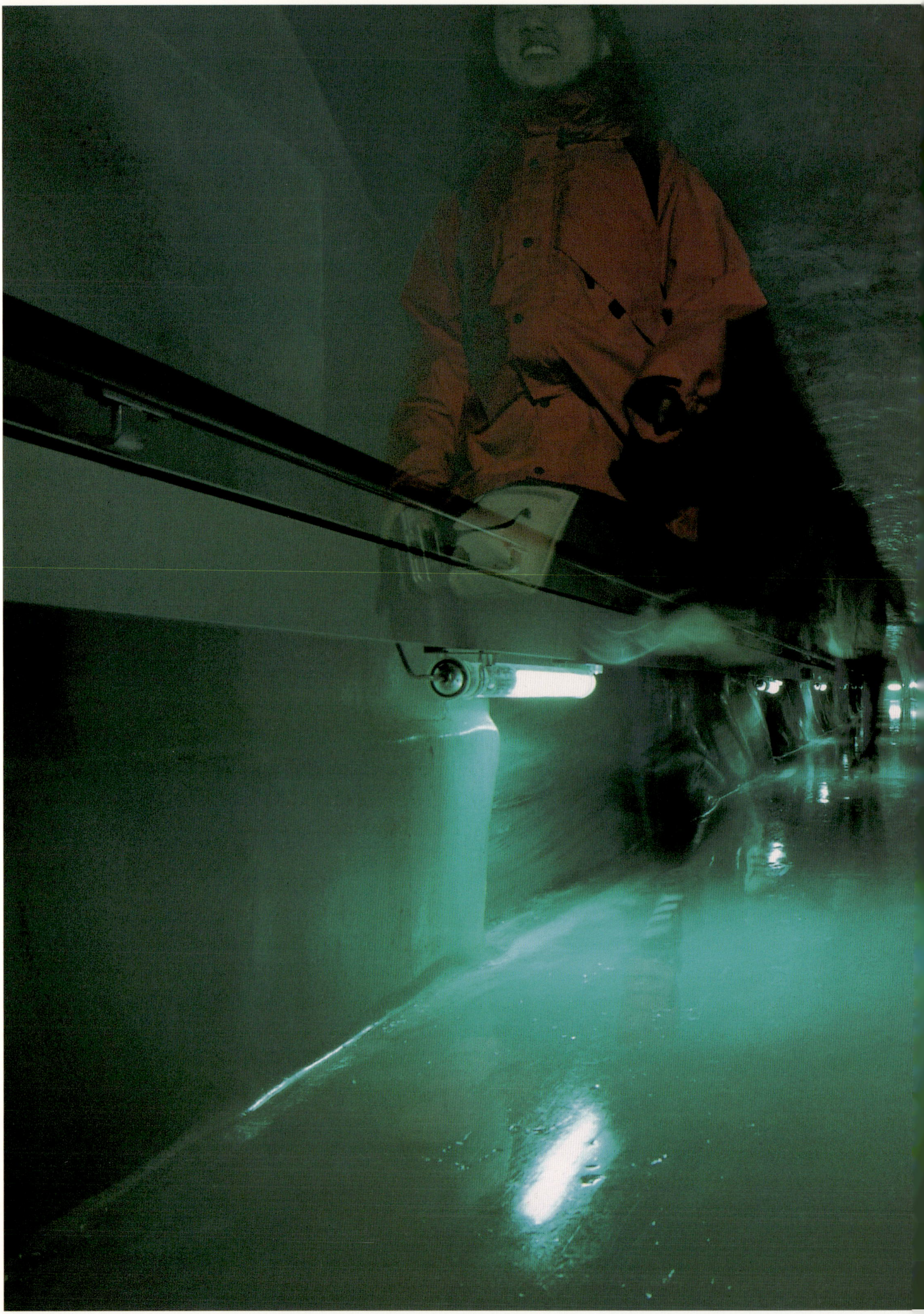

Babel im Berner Oberland

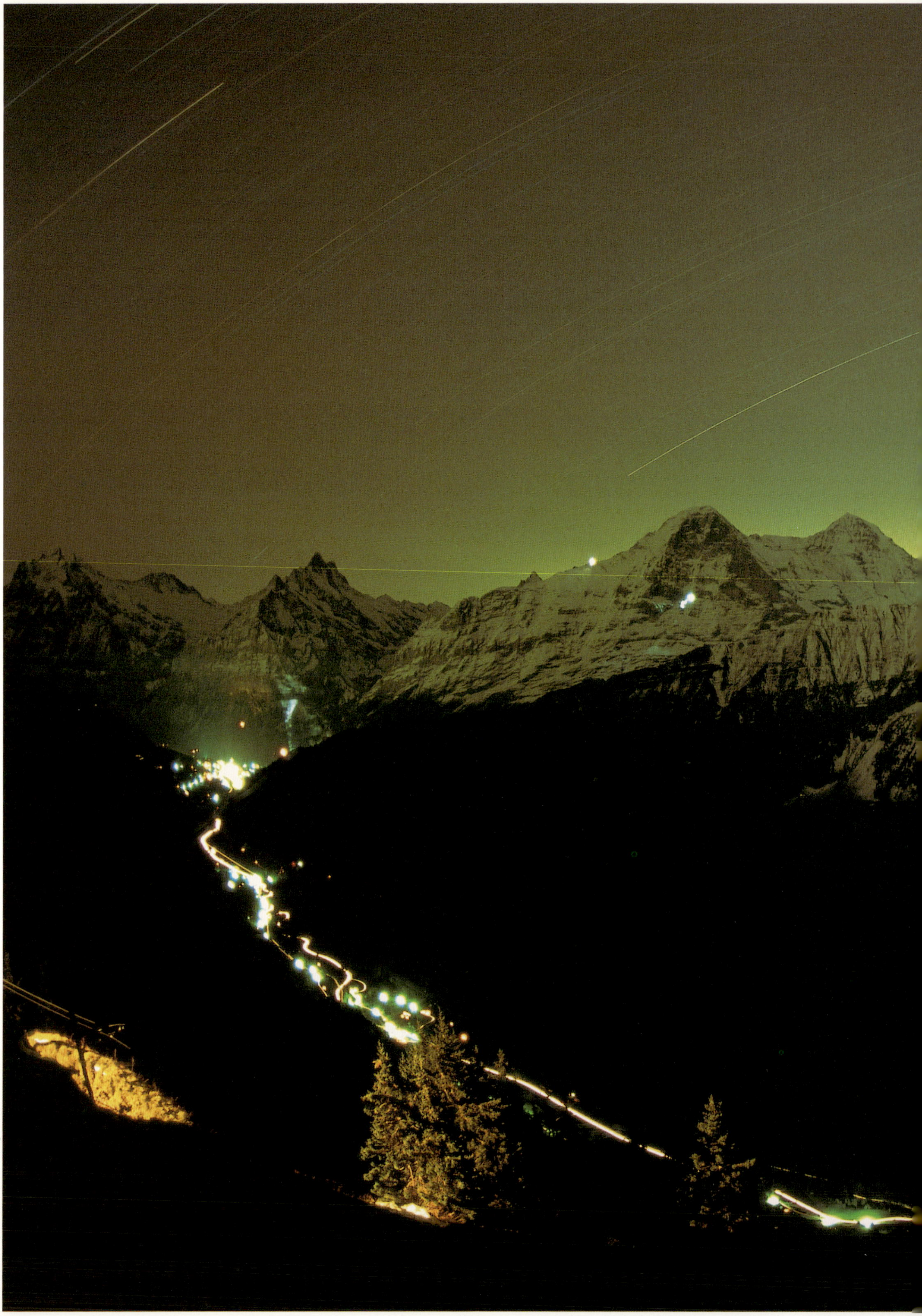

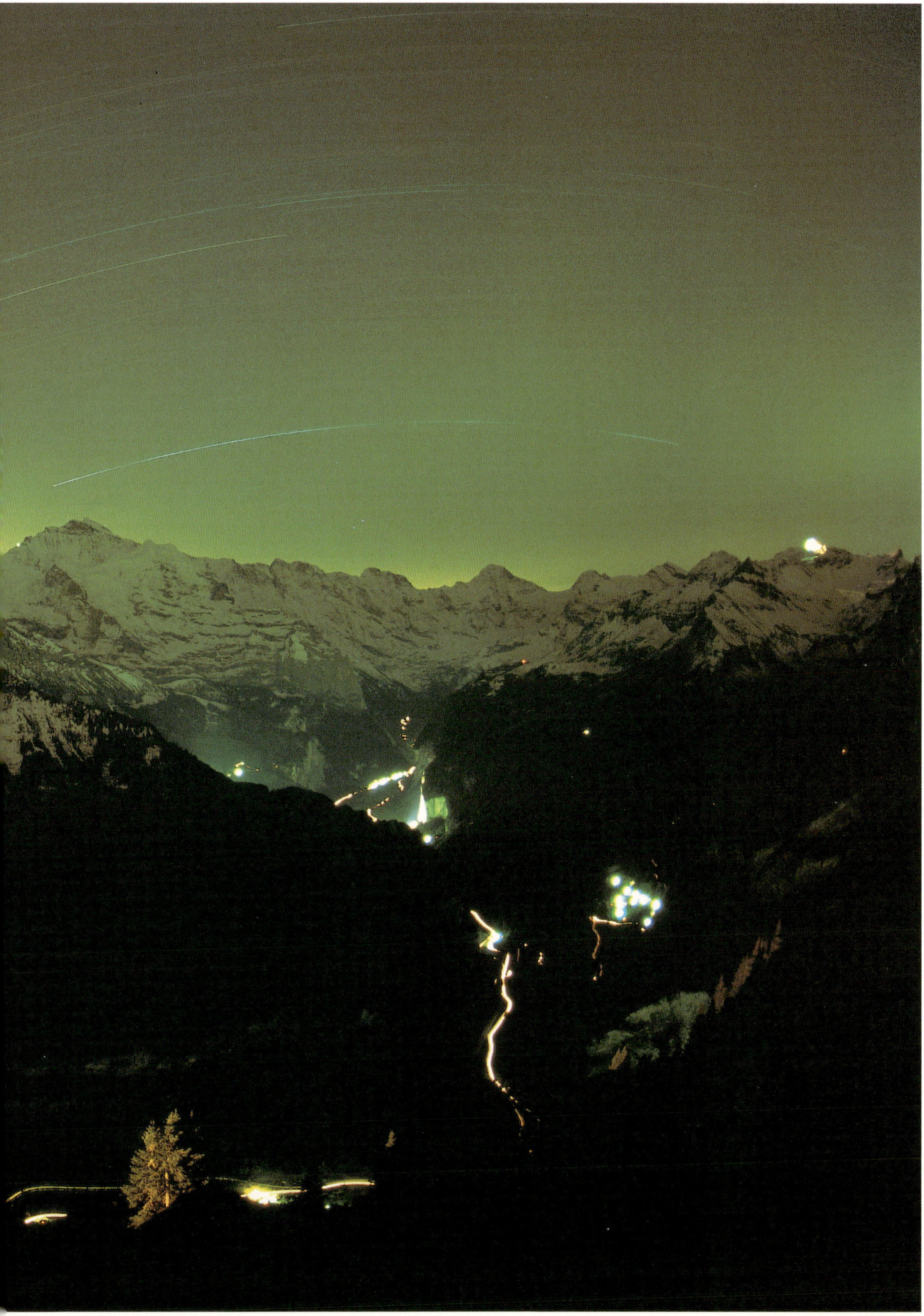

Belle Époque und mehr

Seite 96/97
Asiatische Touristin in der Eishöhle auf dem Jungfraujoch. Das Berner Oberland hatte schon im 18. Jahrhundert viele Reiselustige angezogen.

Seite 98/99
Die Lichtspuren der Autos weisen den Weg nach Grindelwald (links) und nach Lauterbrunnen mit dem beleuchteten Staubbachfall (rechts). Hell leuchten ebenfalls die Fenster der Station Eigerwand sowie die Lichter auf dem Jungfraujoch und auf dem Schilthorn.

Haben die Römer den Tourismus in die Schweiz gebracht? Bäderreisen zu helvetischen Thermen sind jedenfalls aus der Zeit der Cäsaren dokumentiert und werden auch im Mittelalter weiter gepflegt. Den Alpen gehen die frühen Reisenden, wo sie nur können, aus dem Weg. Die Furcht vor den schrecklichen Abgründen und der «Terra incognita», der unbekannten, wilden Welt hinter den Gipfeln, beherrscht den Zeitgeist. Man ist froh, wenigstens heil über Pässe gelangen zu können. «Retour à la nature», heisst es aber im 18. Jahrhundert aus dem Mund des berühmten Genfer Aufklärers Jean-Jacques Rousseau (1712–1778). Und der Berner Gelehrte Albrecht von Haller (1708–1777) zeichnet in seinem 1729 erschienenen Gedicht «Die Alpen» ein schwärmerisches Bild von den Bergen und seinen Bewohnern. Das neue Gedankengut fällt auf fruchtbaren Boden. Dichter, Denker und Gelehrte scheinen in der kraftvollen Natur des Hochgebirges jene Ursprünglichkeit zu finden, die sie in der überzüchteten, verweichlichten Zivilisation des Spätbarocks verloren glauben. Ihre Berichte und poetischen Erzählungen tragen das neue Bild der Alpen und das Interesse daran in die Stuben ihrer Zeitgenossen.

Das Berner Oberland erfüllt die Ansprüche der Epoche in idealer Weise: Aus den grünen Hügeln, die von einem scheinbar freien, unabhängigen Hirtenvolk bewirtschaftet werden, steigen unvermittelt die in der neuen Wahrnehmung nicht mehr furchtbaren, sondern erhabenen Gipfel jäh in den Himmel. In der zweiten Hälfte des 18. Jahrhunderts gehört denn auch die «Grande tour de l'Oberland» zu einem festen Bestandteil der europäischen Bildungsreisen junger Aristokraten und Bildungsbürger. Nirgendwo sonst lässt sich eine solche Fülle von verschiedenen Naturwundern aus nächster Nähe und auf engstem Raum bestaunen wie hier. Die Reise führt von Bern

Das Drehrestaurant auf dem Schilthorn bietet einen einmaligen Rundblick in alle Himmelsrichtungen.

*Seite 100
Australische Touristin in der Eishöhle auf dem Jungfraujoch. Die meisten Gäste in Grindelwald stammen im Sommer aus Japan und im Winter aus der Schweiz.*

nach Interlaken und weiter ins Lauterbrunnental, wo der Fussmarsch auf die Wengernalp beginnt. Über die Kleine Scheidegg gelangen die Herrschaften nach Grindelwald und via Grosse Scheidegg nach Rosenlaui und schliesslich wieder hinunter nach Meiringen. Mit dem Schiff kehren die Reisegruppen nach Interlaken zurück. Zum unverzichtbaren Höhepunkt wird auf der Rundtour der Besuch des «Unteren Grindelwaldgletschers», wo die frühen Touristen das tote, kalte Gletschereis inmitten der grünen Kulturlandschaft direkt anfassen können. Die Zunge des Gletschers reicht damals weit in den Talboden hinunter. «Gletscher der Damen und Stutzer» nennen die Einheimischen bald ein wenig spöttisch die Eismassen. Die wilde, schroffe, unzähmbare Bergnatur in unmittelbarer Nachbarschaft zu der von unverdorbenen Alpenbewohnern gepflegten und wohlbestellten Kulturlandschaft verschafft den Besuchern einen spannungsvollen Eindruck des Paradoxen. Der verblüffende Kontrast zwischen dem Riesigen, Unnahbaren und dem Lieblichen, Idyllischen wirkt bis heute und ist mit ein Grund für die ungeschmälerte Beliebtheit der Region.

Die ersten Reisenden müssen sich mit bescheidenen Unterkünften zufrieden geben. Die Adeligen und Reichen nächtigen in Pfarrhäusern, Fuhrhäusern, aber auch in einfachsten Alphütten, wo sie die kargen Mahlzeiten der Einheimischen teilen. Der stetig zunehmende Touristenstrom macht jedoch bald eine Verbesserung der bestehenden Infrastruktur und auch Neubauten nötig. Das erste Berghotel der Schweiz entsteht 1816 auf der Rigi, auf deren Gipfel 1871 auch die erste Bergbahn führt. Neben dem Berggasthaus Weissenstein im Solothurner Jura von 1827 wird bereits 1832 auf dem rund 2700 m hohen Faulhorn oberhalb Grindelwald das höchstgelegene Berghotel, das «Hôtel du Faulhorn», eröffnet. Im Gegensatz zu den Reisenden der «Grande tour», die ihre Motivation in erster Linie aus einem wissenschaftlichen Wissensdurst und auch aus gesellschaftskritischem Interesse schöpfen, kommen die Touristen im 19. Jahrhundert vermehrt aus reiner Lust an der fantastischen Landschaft. Die diversen Hotelbauten machen aus Grindelwald bald ein Zentrum mit städtischem Charakter. Die Hoteliers setzen sich weiter für den Ausbau der Verkehrswege ein und fördern die Errichtung von touristischen Transportanlagen. Die Zeit der Industrialisierung mit dem wachsenden Wohlstand spült immer mehr Gäste an den Fuss von Eiger, Mönch und Jungfrau. Die meisten Touristen stammen jetzt aus «Good Old England», und diese tragen ein völlig neues Ferienelement in die Berge: die körperliche Ertüchtigung. Wandern und Bergsteigen wird «in». Die Touristen residieren längere Zeit, bisweilen eine ganze Saison, in den «Grands Hôtels», besuchen die Sehenswürdigkeiten in Tagesausflügen und unternehmen bisweilen Bergtouren in der Umgebung. Die Engländer gelten auch als Erfinder des Wintersports. 1864 beherbergt St. Moritz die ersten Wintergäste in der Schweiz, ein Jahr später ebenfalls Davos. 1888 hält auch in Grindelwald der Wintertourismus Einzug. Ins neue Jahrhundert wechseln die Menschen voller Zuversicht, mit Lebenslust und grosser Hochstimmung. Die «Belle Époque» beschert ein unbeschwertes Lebensgefühl und dem Berner Oberland eine noch nie da gewesene Blütezeit im Fremdenverkehr.

Die «Schöne Zeit», all die hoffnungsvollen Wünsche und Träume der Menschen werden mit den Schüssen von Sarajevo im Juni 1914 und im Grauen des Ersten Weltkrieges weggefegt. Der Fremdenverkehr erleidet einen markanten Einbruch. Bereits in den «Golden Twenties» sieht man die Krise überwunden und glaubt, an die besten Tage wieder anknüpfen zu können. Aber die Weltwirtschaftskrise in den 30er-Jahren und der darauf folgende Zweite Weltkrieg stellen nicht nur die Tourismusbranche auf eine harte Bewährungsprobe. Diese kann sie aber erstaunlich rasch meistern. Der verallgemeinerte Ferienanspruch in der modernen Industriegesellschaft bringt dem Berner Oberland und der ganzen Schweiz ab 1952 Besucherzahlen, die die kühnsten Prognosen bei weitem übertreffen. Wann haben Sie beispielsweise zum letzten Mal Urlaub in den Bergen gemacht? Statistisch gesehen müsste das im Winter der Fall gewesen sein! Denn in der Zeit nach dem Zweiten Weltkrieg überflügelt der Wintertourismus den Sommertourismus deutlich. Nicht so in Grindelwald! Die Sommersaison beschert auch heute noch mit einem Anteil von 55% höhere Besucherzahlen als die Wintersaison. Die Gäste stammen im Sommer mit fast einem Drittel übrigens aus Japan und im Winter mit deutlich mehr als einem Drittel hauptsächlich aus der Schweiz.

Heute trägt der Tourismus im Berner Oberland zu mehr als einem Viertel der Wertschöpfung bei. Fast 30% aller Beschäftigten finden allein in der Fremdenverkehrsbranche eine Arbeit. Hotelbetriebe durchlaufen seit den 90er-Jahren nicht nur im Oberland härtere Zeiten. Die Zahl der Betten sowie der Logiernächte stagnieren oder sind sogar rückläufig. Bergbahnen verzeichnen hingegen wachsende Benützungsziffern. Offenbar verlagert sich das Freizeitverhalten der Touristen weg von längeren Ferien hin zu mehreren Kurzurlauben und spontanen Tagesausflügen. Immer beliebter scheinen auch die SAC-Hütten im Gebiet zu werden. Die Zahl der Übernachtungen steigen, bei einem kleinen Einbruch in der zweiten Hälfte der 90er-Jahre, stetig an. Das Berner Oberland konkurriert heute mit Billig- und Billigstangeboten aus ganz Europa, einschliesslich diverser Destinationen aus dem sonnenverwöhnten Mittelmeerraum. Die Tourismusverantwortlichen vertrauen auf die ungebrochene Anziehungskraft der Berge und setzen dieser Herausforderung hauptsächlich Bewährtes, aber auch Innovation entgegen: eine hohe Qualität mit perfekter Infrastruktur und ein nach den Kundenbedürfnissen erweitertes Angebot an verschiedenen Freizeitaktivitäten.

Eingefressen in das Berginnere, stürzen die Trümmelbachfälle über 140 Meter in die Tiefe. Schon 1877 gab es hier erste touristische Infrastrukturen.

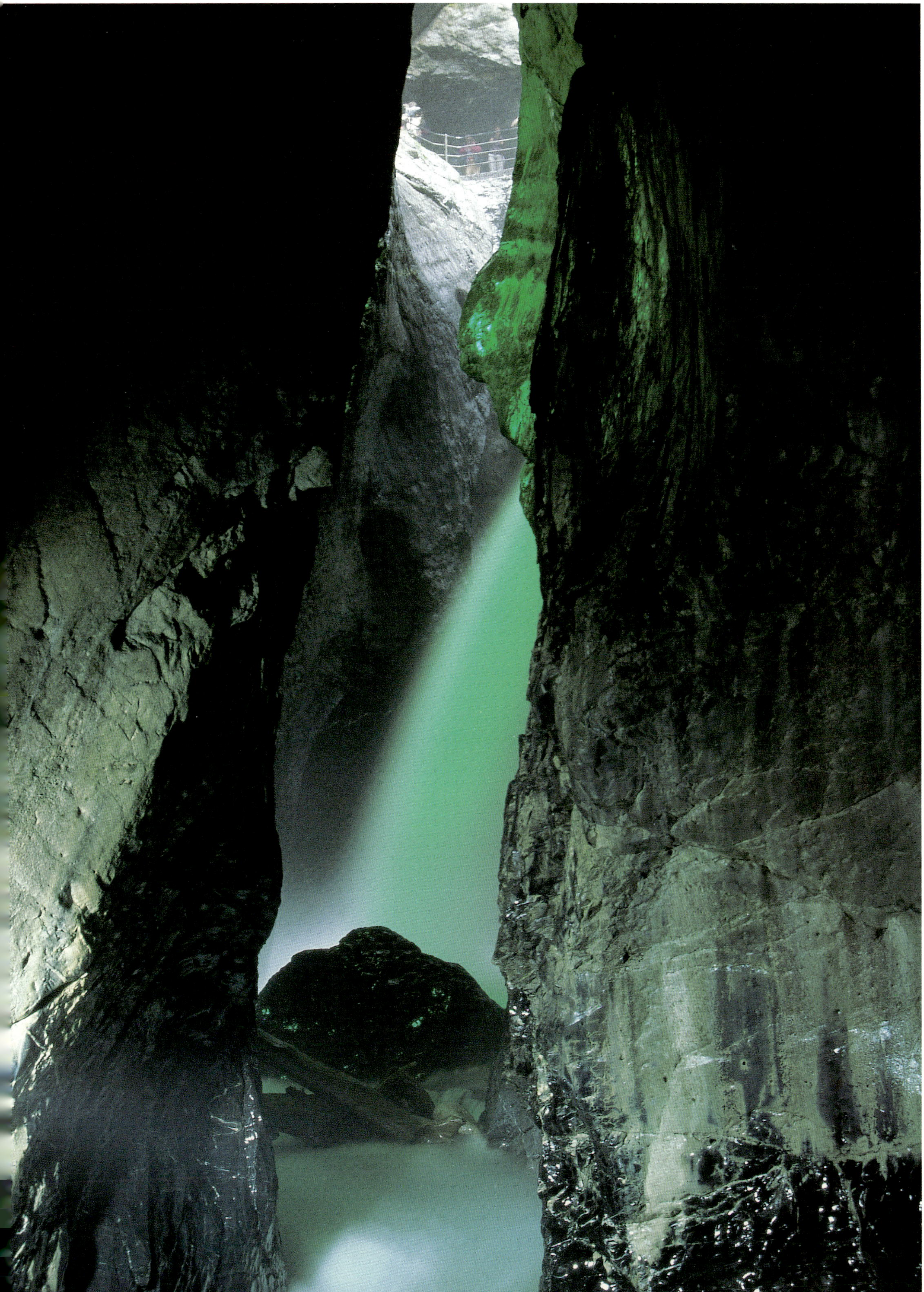

MOVADO
The Museum Watch
CASAGRANDE
Swiss
Folklore Show
スイス民謡ショー
CASINO KURSAAL
CORUM
kirchhofer
INTERLAKEN
alpinus

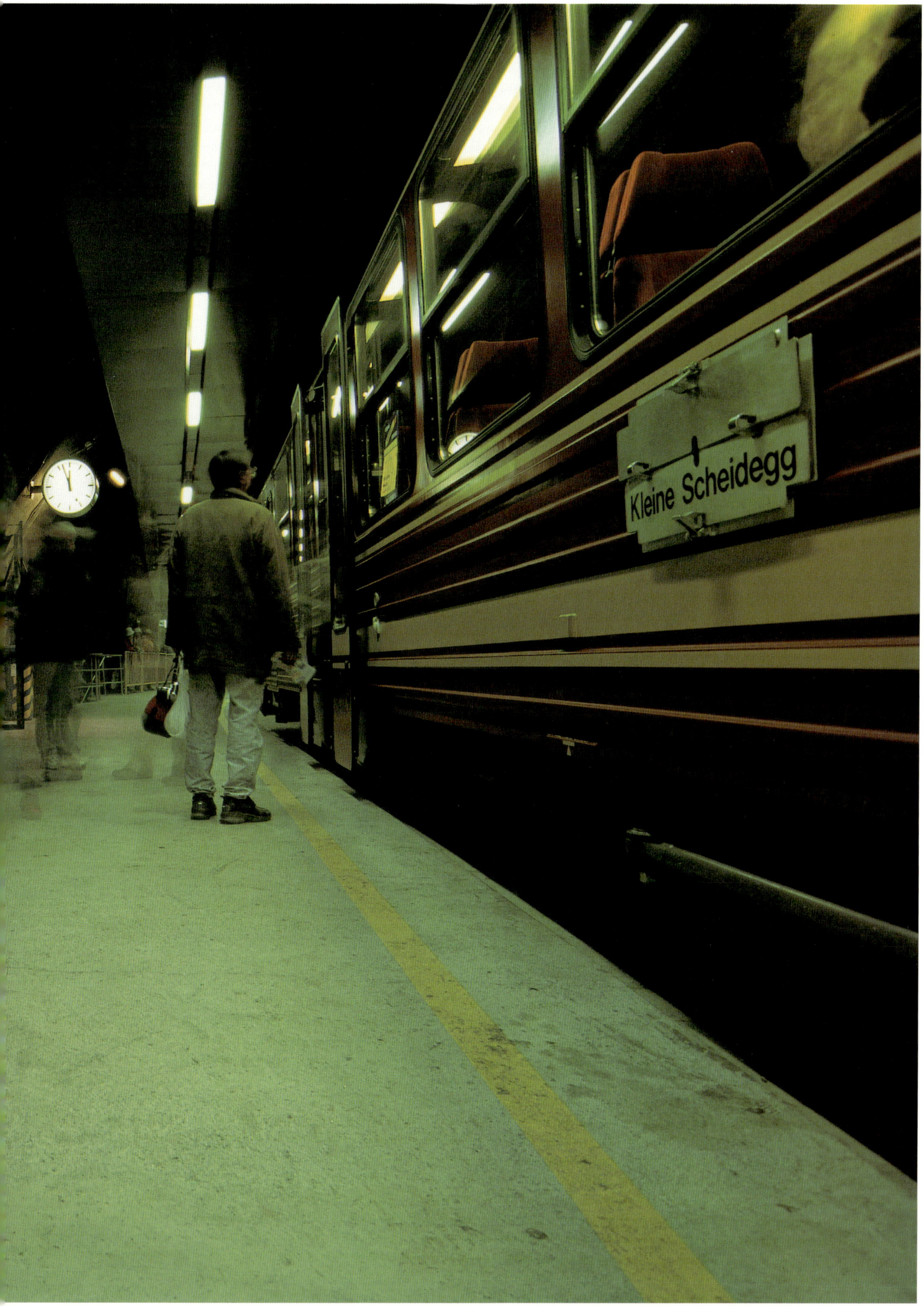
Kleine Scheidegg

Sie gingen durch den Berg

Der Zürcher Industrielle Adolf Guyer-Zeller (1839–1899) ist ein Mann, der genau weiss, was er will. Seine Ziele verfolgt er hartnäckig und unbeirrt. Widerstände räumt er nicht gerade mit zimperlichen Methoden aus dem Weg. Im Bahngeschäft kommt er rasch zu Reichtum und Macht und als *«Eisenbahnkönig»* zu einem Übernamen. Zeller ist auch ganz Kind seiner Zeit: Unerschütterlicher Optimismus und ungetrübte Aufbruchstimmung erfüllen das ausgehende 19. Jahrhundert. Die Menschheit staunt, ob all der neuen, technischen Wunder, die Ingenieure und Entwickler hervorbringen. Alles scheint machbar. 1889 findet der ungebrochene Technikglaube in der 320 Meter hohen Stahlkonstruktion des Eiffelturms im wahrsten Sinn des Wortes einen neuen Höhepunkt. Auch Zeller will hoch hinaus. Und zwar mit einer Bahn auf den Gipfel der Jungfrau! Schliesslich lebt er in einer Zeit, *«die vor keiner technischen Schwierigkeit mehr zurückschreckt»*.

Die Idee ist nicht neu. Die Eröffnung der lukrativen Vitznau-Rigibahn im Jahr 1871 löst in der Schweiz einen regelrechten Bauboom für Bergbahnen aus. Bereits wenige Jahre später führen Bahnen auf den Pilatus, auf den Monte Generoso, auf das Brienzer Rothorn, auf die Schynige Platte, auf die Kleine Scheidegg, auf den Gornergrat und auf viele andere touristisch interessante Aussichtspunkte. Bald liegen auch verschiedene Projekte für die Erschliessung der Jungfrau und des Eigers auf dem Tisch. Im Wallis hegt man sogar Pläne für eine Luftseilbahn auf das Matterhorn. Die angestrebten Gipfelhöhen im Bereich von 4000 Metern bringen allerdings eine neue Dimension in das Baugeschehen. Der Bundesrat, dem die Konzessionserteilung obliegt, formuliert als Vorbedingung einen experimentellen Unbedenklichkeitsnachweis für das Reisen

*Seite 104/105
Bereits 1912 war die Bahnstrecke von der Kleinen Scheidegg auf das Jungfraujoch in Betrieb. Heute strömen jährlich über 500 000 Gäste dort hinauf.*

Für die asiatischen Gäste gibt es auf dem Jungfraujoch Noodle-Soup mit Stäbchen.

*Seite 106
Schon während der Bahnfahrt können Touristen ein eindrückliches Panorama geniessen.*

und den Aufenthalt in solchen Höhen. Im Gerangel um die Konzessionen kann sich Guyer-Zeller schliesslich durchsetzen, weil frühere Konzessionäre ihren Anspruch ungenutzt verstreichen lassen und weil er behauptet, sein Projekt nahezu finanziert zu haben. Tatsächlich existiert zu diesem Zeitpunkt jedoch von keinem Investor und keiner Bank irgendeine verbindliche Zusage.

Die öffentlich gemachten Bahnprojekte erhitzen die Gemüter im In- und Ausland. Man spricht vom «*Beutezug ins Herz der Alpen*», von «*eingleisiger Gemeinheit*» oder «*schmalspuriger Profanation*» und sieht gar «*die stolze Jungfrau auf das Niveau eines Marktweibes heruntergezogen*». Der Protest flammt vor allem ausserhalb der Region auf. Die Einheimischen stehen dem Bahnbau mehrheitlich positiv gegenüber. Sie erhoffen sich zu Recht Beschäftigungsmöglichkeiten und eine weitere Attraktion für den Tourismus. Ein Jahr später als geplant erfolgt am 27. Juli 1896 nach einer Eröffnungszeremonie der erste Spatenstich auf der Kleinen Scheidegg. Zeller kalkuliert mit einem Budget von zehn Millionen Franken und sieht seine Bahn in vier Jahren auf dem Gipfel der Jungfrau ankommen. Er sollte sich schwer täuschen.

Wie für Tunnelbauten damals üblich, beschäftigt man vorwiegend italienische Arbeiter. Ihre «*gesunde, kräftige Konstitution*», ihre «*Genügsamkeit*» und ihre «*relativ bescheidenen Lohnansprüche*» machen sie beliebt. Ausserdem gelten sie als «*durchaus nicht wählerisch*» und «*lassen sich fast alles bieten*», da sie in ihrer Heimat im besten Fall die Hälfte verdienen können. Versuche mit einheimischen Arbeitern scheitern. Die Bergler können zwar hervorragend Lasten schleppen, verhalten sich im Tunnelbau aber äusserst ungeschickt und undiszipliniert. Anstellungen im Monatslohn vermeidet man, denn Taglöhner können bei Nichtbedarf schneller wieder entlassen werden. Die Handlanger sieht man offenbar in erster Linie als billige «Arbeitstiere» mit möglichst wenig Rechten.

Die Arbeiten kommen anfänglich nur schleppend voran. Obwohl die erste Etappe bis zur Station Eigergletscher lediglich über das freie Feld führt, erreicht man das Ziel erst nach zwei Jahren statt in den geplanten vier Monaten. Dort werden für die Arbeiter und die Bauleitung Unterkünfte errichtet, sodass die Bahn in der Zukunft auch im Winter vorangetrieben werden kann. Der Führungsstil von Zeller gibt in der Projektleitung allerdings Anlass zu ernsten Meinungsdifferenzen. Um den Jahreswechsel 1897/98 verlassen der damalige Direktor der Jungfraubahn, der Bauleiter, verschiedene Techniker und etwa 40 Arbeiter ihre Posten. Zeller versucht das Desaster herunterzuspielen, indem er in einer Presseerklärung den gesunkenen Personalbedarf als Grund vorschiebt. Das darauf aufziehende Mediengewitter qualifiziert ihn als vom «Cäsarenwahn befallenen Herrscher» und übergiesst ihn mit weiteren unschönen Bezeichnungen. Die angestrengte Ehrverletzungsklage verliert Zeller auch in zweiter Instanz. Noch vor der Eröffnung der provisorischen Haltestelle Rotstock, wenig über dem Eigergletscher, verstirbt der «Eisenbahnkönig» im Frühling 1899 im Alter von 60 Jahren, bevor seine Vision von der Jungfraubahn nur annähernd zur Hälfte realisiert ist. Die Bauarbeiten müssen eingestellt werden. Doch die Erben von Guyer-Zeller können die Nachfolge und auch die weitere Finanzierung regeln. Nach einem halben Jahr Pause sprengen sich wieder Arbeiter durch den Berg. Der Bau bleibt nach wie vor ein Familienunternehmen, fremde Investoren lassen noch immer auf sich warten.

Die Arbeiter müssen am Eigergletscher harte Bedingungen erdulden. Sie leiden an Mangelernährung, sowohl was ihre Energieversorgung als auch den Bedarf an Mineralstoffen und Vitaminen betrifft. Das Frühstück aus einfachem Milchkaffee liefert nicht gerade einen optimalen Start in die harte, achtstündige Schicht. Drei Kameraden aus den drei Schichten müssen sich bisweilen ein einziges Bett teilen. Weil sich niemand verantwortlich fühlt, ist der einfache Strohsack, der als Matratze dient, bald einmal verfault. Vor Ungeziefer soll aufgetragene Dynamitpaste behelfsmässig schützen. Die Unterkünfte stellt die Jungfraubahn zwar gratis zur Verfügung, die Kosten für das Essen und auch einen Anteil für die Versicherungen müssen die Arbeiter aber von ihrem Lohn entrichten. Wenn im Winter durch Wassermangel Engpässe in der Stromversorgung auftreten, werden zuerst die elektrischen Heizungen in den Unterkünften abgestellt. Der Baubetrieb hat Priorität. Das Handwerk im Tunnel und das Hantieren mit dem Sprengstoff bergen ausserdem grosse Risiken. In der gesamten Bauzeit ereignen sich 93 Unfälle mit 92 Verletzten. 30 Arbeiter lassen am Berg ihr Leben. 1908 geht Ende Herbst das Sprengstofflager mit dem gesamten Wintervorrat von 30 Tonnen Dynamit in die Luft. Die Detonation soll bis in den Schwarzwald hörbar gewesen sein. Wie durch ein Wunder wird dabei niemand verletzt. Die mobilen Wanderarbeiter halten sich kaum länger als vier Monate bei der Jungfraubahn auf. Die Belegschaft schwankt in ihrem Bestand sogar fast täglich.

Am 1. August 1912 kann die gesamte Strecke bis zum Jungfraujoch nach einer feierlichen Zeremonie, an der auch eine Delegation des Bundesrates vertreten ist, dem Publikum übergeben werden. 16 mühevolle und für die Gesellschaft vielfach auch kritische Jahre sind Geschichte. Rund 16 Mio. Franken hat der Bau schlussendlich gekostet. An eine Erweiterung bis auf den Jungfraugipfel denkt vorläufig niemand mehr. Was wäre gewesen, wenn es den «Eisenbahnkönig» Adolf Guyer-Zeller nicht gegeben hätte? Vermutlich wäre die Bahn nie gebaut worden! Können Sie sich das Berner Oberland ohne die Jungfraubahn vorstellen? Seit 1950 liefert das Unternehmen Spitzenergebnisse. Mit einem aktuellen Betriebsertrag von rund 116 Mio. Franken bildet die gesamte Jungfraubahngruppe heute einen bedeutenden Wirtschaftsfaktor. Rund 650 Ganztagesstellen machen sie zum wichtigsten Arbeitgeber in der Region.

Die Gebäude bei der Station Eigergletscher am Fuss der Westflanke dienten fast während der gesamten Bauzeit von 1896 bis 1912 als permanente Unterkunft für die Belegschaft.

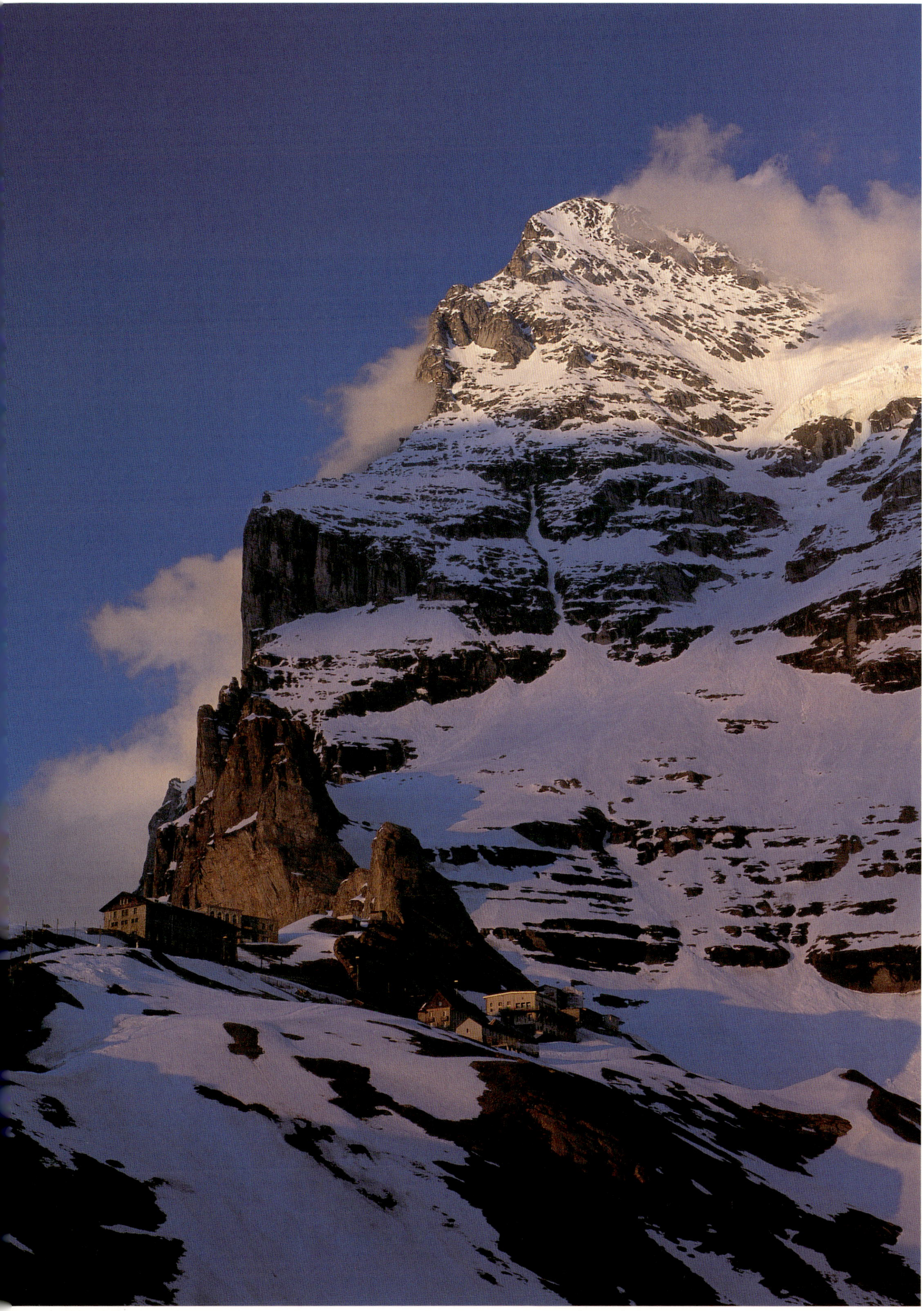

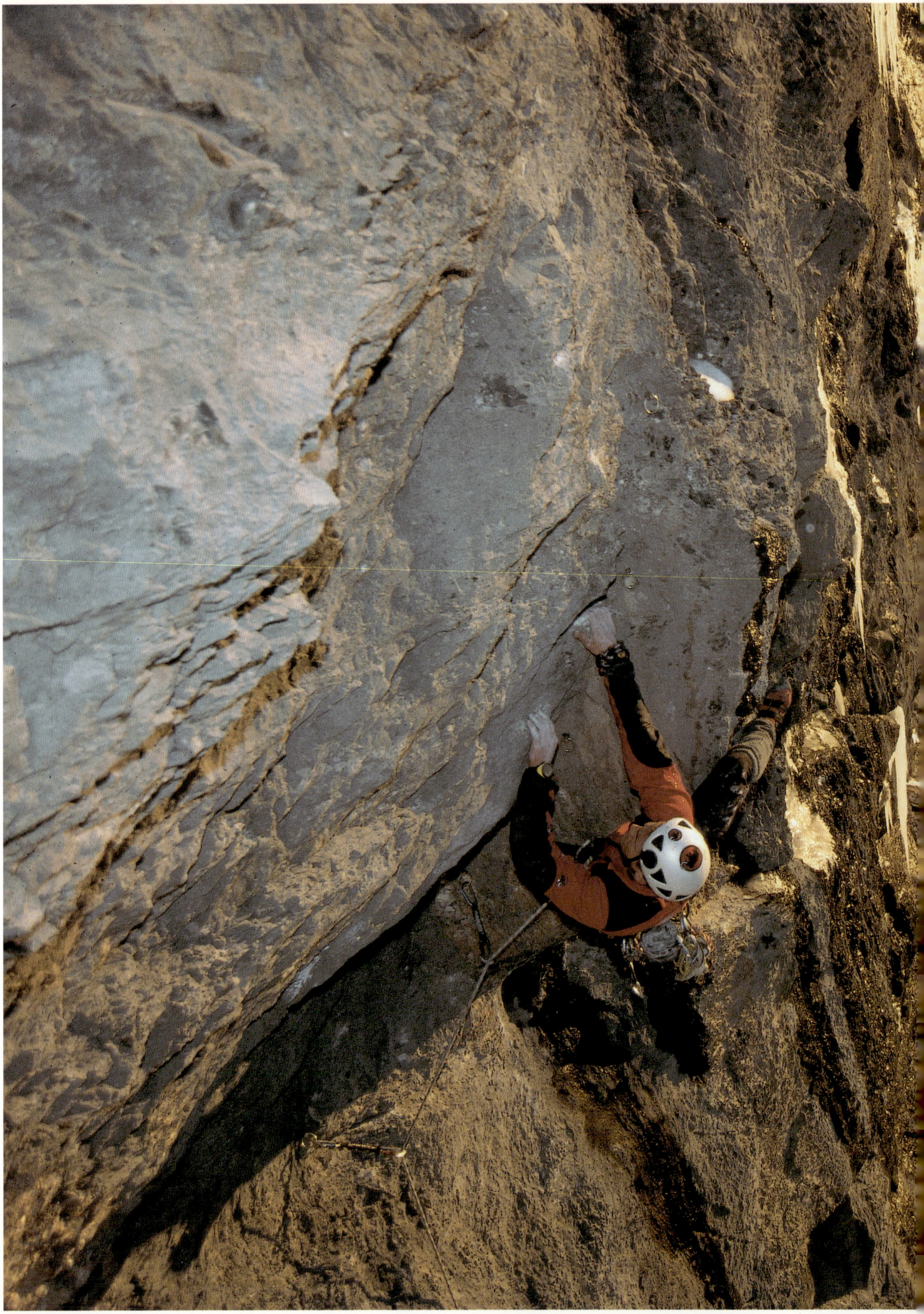

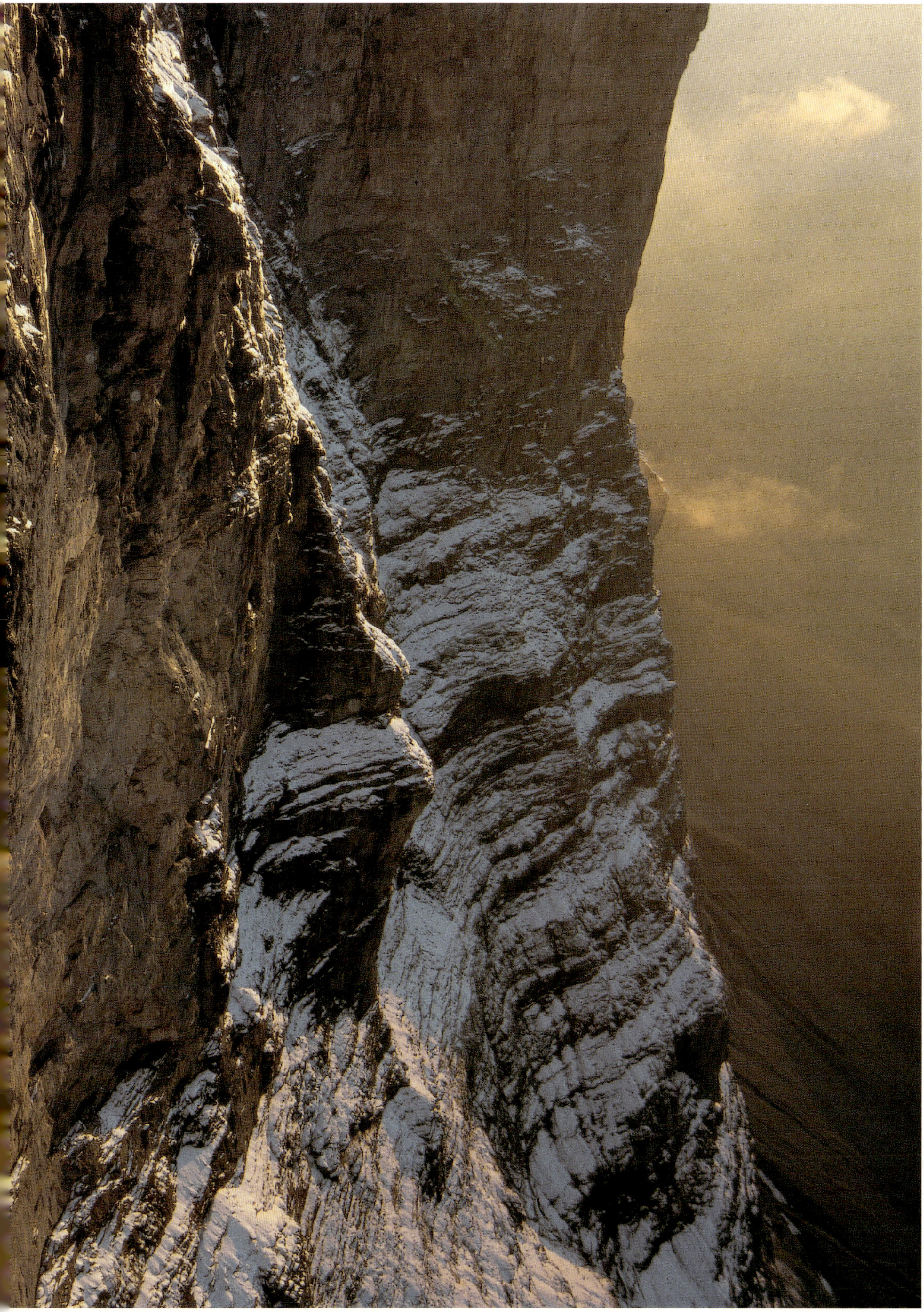

Die Wand

Sie kommen in aller Stille, gut trainiert, mit der besten Ausrüstung und mit einer noch festeren Überzeugung. Ihr Lager beziehen Max Sedlmayer und Karl Mehringer in einer Alphütte auf der Kleinen Scheidegg. Ihr Ziel ist die Wand. 1800 Höhenmeter abweisende, bodenlose Abgründe. Sie wissen nicht genau, worauf sie sich einlassen. Vor ihnen gab es noch niemanden. Sie wollen die Ersten sein. Am 21. August 1935 steigen die beiden Münchner in direkter Falllinie zum Gipfel in die Wand ein. Die Nachricht von Bergsteigern, die das Abenteuer wagen, verbreitet sich wie ein Lauffeuer. Schaulustige drängeln sich an den Fernrohren auf der Kleinen Scheidegg und fachsimpeln besserwisserisch über die dargebotene Leistung. Das Publikum staunt: Am ersten Tag scheint das eingespielte Duo nur so über den unteren Wanddrittel hinwegzufliegen. Wird die Wand fallen? Schon beim ersten Versuch? Am oberen Rand des zweiten Eisfeldes wird der Aufstieg der beiden im dritten Biwak aber von einem schlimmen Wettersturz gebremst. Auf der Kleinen Scheidegg misst man in dieser Nacht nur noch –8° C. Trotzdem steigen die Topalpinisten am folgenden Tag im Sturm weiter. Ist es eine Flucht nach vorn? Wagen die Kletterer den Abstieg über die vereisten Felsen in dieser Steinschlaghölle nicht mehr? Ist einer von ihnen möglicherweise verletzt? Sie werden darauf keine Antwort mehr geben können. In der nächsten Nacht erfrieren Karl und Max oberhalb des Bügeleisens an einem Ort, den man später Todesbiwak tauft. Sie sind die ersten Opfer in der Wand. Viele werden noch folgen und den unheimlichen Ruf der Wand zementieren.

Im nächsten Sommer pilgern wieder deutsche und österreichische Bergsteiger auf die Kleine Scheidegg, angezogen von der Wand wie die Motten vom Licht. Auch sie möchten die Ersten

*Seite 110/111
Zusammen gelang 1938 den Seilschaften Heckmair/Vörg und Kasparek/Harrer in vier Tagen die erste Durchsteigung der Eigernordwand. Roger Schäli klettert hier in der viel schwierigeren Japaner-Direttissima aus dem Jahr 1969.*

Roger Schäli in der kompakten und überhängenden Roten Fluh, durch die die Japaner-Direttissima verläuft. Schwierigkeiten bis 9–.

*Seite 112
Von einem Band beim Stollenloch, wo auch der schwer bepackte Roger Schäli steht, versuchten Retter 1936, dem erschöpften Toni Kurz Hilfe zu bringen.*

sein, am «letzten Problem» der Alpen. Es sind junge Burschen, unter ihnen der hübsche und sympathische Toni Kurz. «Wenn der Toni lacht, ist es, als lache das Leben selbst», heisst es. Noch im unteren Wandteil verbinden sich die Deutschen Toni Kurz und Andreas Hinterstoisser mit den beiden Österreichern Edi Rainer und Willy Angerer zu einer Seilschaft. Auf einer Aufstiegsvariante im rechten Wandbereich kann Hinterstoisser mit dem legendären, fallenden Quergang eine aalglatte Felsplatte überwinden und damit das Tor zum mittleren Wandbereich aufstossen. In der Euphorie ziehen die vier das Seil aus dem Quergang ab. Der Sturmlauf nach oben geht weiter. Am zweiten Tag erreichen sie bereits die Höhe ihrer Vorgänger. Doch wieder schlägt das Wetter dramatisch um und zwingt die Kletterer zum Rückzug. Aber der Weg in die Sicherheit ist versperrt. Ohne fixiertes Seil können sie den Quergang in die umgekehrte Richtung nicht mehr überwinden. Beim Versuch, über eine hohe Wandstufe direkt abzuseilen, werden drei der vier Bergsteiger in den Tod gerissen. Nur Toni überlebt.

Seine Rettung scheint nah, denn die aus dem Stollenloch zu Hilfe geeilten Bergführer können von unten Rufkontakt herstellen. Aber das Wetter gebärdet sich weiterhin erbarmungslos. Ein viertes, bitterkaltes Biwak mitten in der schrecklichen Wand, allein mit der Erinnerung an das Geschehene, wird Kurz aufgezwungen. Am nächsten Tag gelingt es ihm, ein von der Rettungsmannschaft mitgebrachtes Seil zu sich hochzuziehen und mit dem ihm verbliebenen Seilrest zu verknüpfen. Jetzt reicht die Verlängerung bis hinunter auf das Schneeband, wo die Retter stehen. Nur wenig über ihnen bleibt der geschundene Alpinist jedoch im Knoten der Seilverbindung hängen. Diese weitere Anstrengung vor der so nah geglaubten Rettung ist für den ausgelaugten und mit schwersten Erfrierungen gebeutelten Kurz zu viel. «Ich kann nicht mehr», sollen seine letzten Worte gewesen sein. Im frei hängenden Seil kippt der Oberkörper nach vorne weg. Toni

Kurz stirbt nach einer unsäglichen Leidensgeschichte nur wenige Meter von seinen machtlosen Helfern entfernt.

Auf dem Schneeband befindet sich auch der Wengener Fotograf Walter Gabi, und er drückt ab. Das brutale Bild des frei in der Luft hängenden, zusammengesackten Körpers, an dessen Steigeisen sich lange Eiszapfen gebildet haben, geht um die Welt. Jetzt und auch später schlachten die Medien die Geschichten und Tragödien der Wand hemmungslos aus. Die Leserschaft nimmt die Berichte dankbar auf und konsumiert das Gruseln aus sicherer Distanz. In der Wahrnehmung der Öffentlichkeit wird spätestens jetzt die Nordwand zur Mordwand. Der Mythos beginnt sich in den Köpfen der Menschen festzusetzen.

Die Berner Regierung sieht sich genötigt, dem makabren Treiben einen Riegel zu schieben. Die Wand wird im Herbst 1936 kurzerhand zur verbotenen Zone erklärt. Niemand hält sich daran. Aus rechtlichen Gründen muss das Verbot später wieder aufgehoben werden. «Die Wand bleibt eine Besessenheit für Geistesgestörte fast aller Länder», qualifiziert der Präsident des englischen «Alpine Clubs», Colonel Strutt, die Besteigungsversuche in seinem renommierten Cluborgan. Oskar Hug meint in der NZZ: «Sie [die Besteigung] ist vielmehr eine degenerierte Form der mittelalterlichen Kreuzzüge.» Keine Wand der Welt hat je derart kontroverse Polemik ausgelöst. Die Hoteliers in Grindelwald und auf der Kleinen Scheidegg schauen schweigend zu und freuen sich über den Ansturm der Schaulustigen.

Der Pioniergeist der damaligen Kletterelite kümmert sich nicht um Verbote oder Zeitungsberichte. Die Bühne der Wand wird sich zu weiteren Aufführungen rüsten. Die Zuschauer unten auf den Rängen können gespannt hinter den Fernrohren warten. Ludwig Vörg und Matthias Rebitsch heissen 1937 die neuen Akteure. Nach einem Wettersturz kehren sie auf der Höhe des «Todesbiwaks» als Erste lebend aus dem zentralen Wandteil zurück. Im Jahr 1938 zieht jedoch erneut ein Drama auf: die Italiener Bartolo Sandri und Mario Menti stürzen im «Schweren Riss» zu Tode. Trotzdem steigen die beiden Seilschaften Andreas Heckmair und Ludwig Vörg sowie Fritz Kasparek und Heinrich Harrer einen Monat später, zuerst getrennt, in die Wand ein. Harrer nimmt nicht einmal Steigeisen mit und buckelt anfänglich einen Rucksack von 25 kg! Trotz diversen Stürzen, einer Lebensmittelvergiftung von Heckmair und dem unausweichlichen Schlechtwettereinbruch im oberen Wandbereich, verbunden mit dramatischen Lawinenniedergängen in der «Spinne», gelingt den vier Haudegen unter der Führung von Heckmair der Durchstieg. Eine Pioniertat, vor der man sich nur verneigen kann!

Und heute? Unter den Spitzenalpinisten hat die Wand schon lange ihren Schrecken eingebüsst. Eine ernste Angelegenheit bleibt sie nach wie vor. Viele Bergsteiger können aber mit der modernen Ausrüstung und einem sehr seriösen Training das Nordwandniveau erreichen. «Die Wand wird immer nur den Besten vorbehalten sein» oder «Alle sagen nach der Besteigung: Nie wieder!», diese Prophezeiungen, die der Erstbegeher Heinrich Harrer noch 1958 in seinem Buch «Die weisse Spinne» macht, haben sich nicht bewahrheitet. Gute Alpinisten schaudern nicht mehr vor der Wand, sondern geniessen heute das unglaubliche Ambiente in dieser riesigen Felsmauer mit Freude. Fast trauern sie ein wenig den abenteuerlichen alten Zeiten nach. 25 verschiedene und schwierigste Routen durchziehen heute die Wand, über die mittlerweile unzählige Seilschaften heil aufgestiegen sind. In den Köpfen der Allgemeinheit bleibt der Mythos trotzdem bestehen.

Etwa 25 verschiedene Routen führen heute durch die Eigernordwand. Die Japaner-Direttissima – hier im Bild – war 1969 erst die dritte.

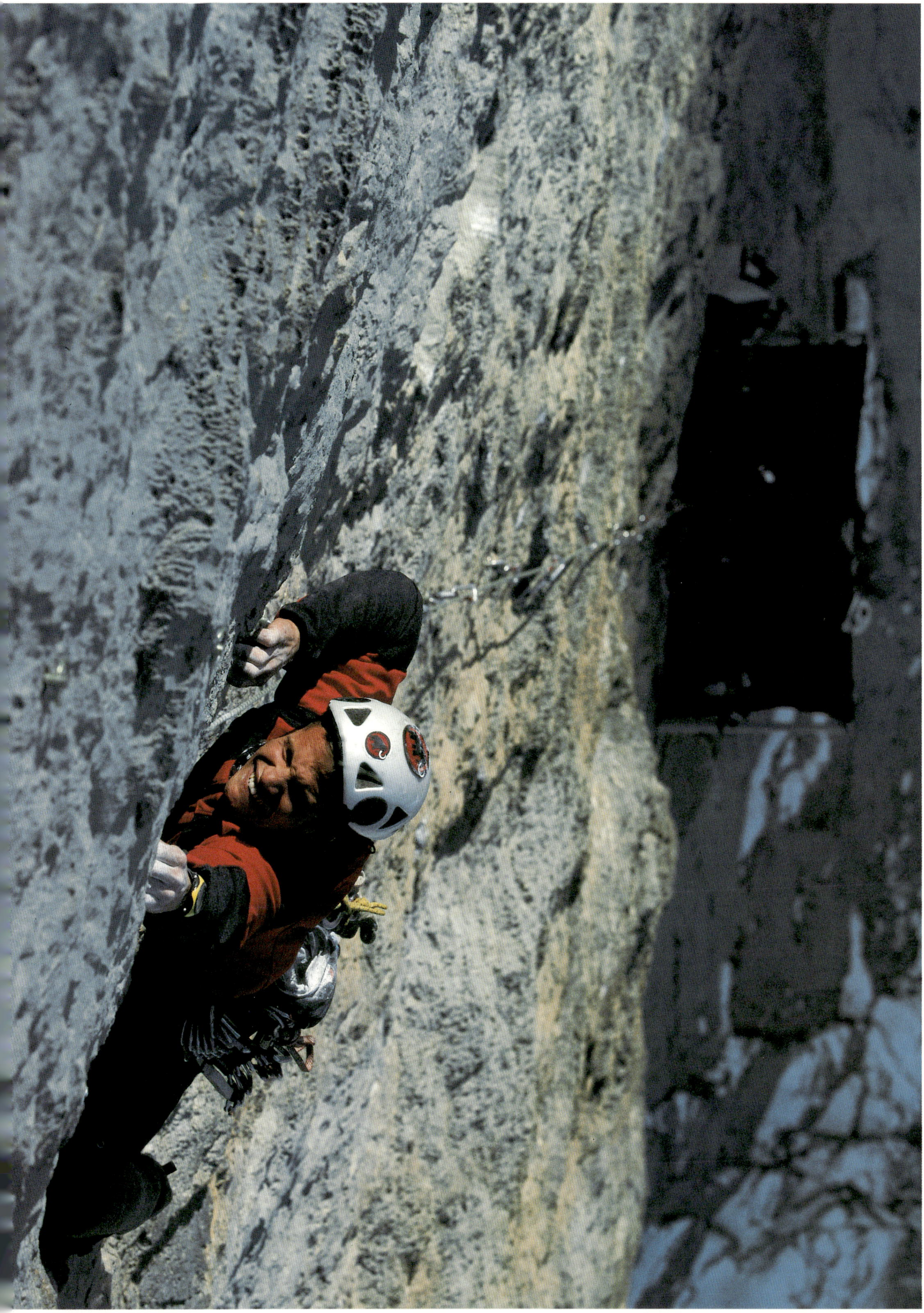

Forschung in luftiger Höhe

Menschen werden pausenlos beschossen, bombardiert und durchbohrt. Dies ist nicht die Schilderung einer Kriegsszene, sondern tägliche Realität. Wir können uns diesem Geschosshagel auch nicht entziehen, indem wir in ein Gebäude flüchten. Selbst zweihundert, ja dreihundert Meter unter solidem Fels erreichen uns die Projektile immer noch. Sie durchdringen uns fast überall und jederzeit, auch in diesem Moment. Aber nicht feindliche Mächte trachten uns nach dem Leben. Der Beschuss stammt aus dem Weltall und geht, seit sie existiert, als ganz normale Naturerscheinung auf die Erde nieder. Das Leben hat sich trotzdem munter entwickelt. Offenbar kommen wir mit den kosmischen Einschlägen ganz gut zurecht. So oder so, dieses Phänomen ist höchst interessant. Es erweitert das Bild über

Gästeprinzip zu betreiben. Wissenschaftsgruppen aus aller Welt sollten hier die Möglichkeit erhalten, ihre Projekte in hochalpiner Umgebung durchführen zu können. Sechs Nationen, darunter die Schweiz, Deutschland, Frankreich, Grossbritannien, Österreich und Belgien, nahmen mit teilweise mehreren Institutionen Einsitz im Stiftungsrat. Frankreich hat sich später daraus wieder zurückgezogen, dafür ist Italien und zwischenzeitlich auch Holland neu hinzugekommen. Nach relativ kurzer Projektierungs- und Bauzeit konnte das Institut bereits 1931 eingeweiht werden. Sechs Jahre später kam ein weiteres Forschungsgebäude auf der so genannten Sphinx dazu.

Der Standort auf dem Jungfraujoch bietet der Wissenschaft einmalige Möglichkeiten. Die zentrale Lage in Europa und die Verbindung

Hauswart Martin Fischer bei der Wetterbeobachtung.

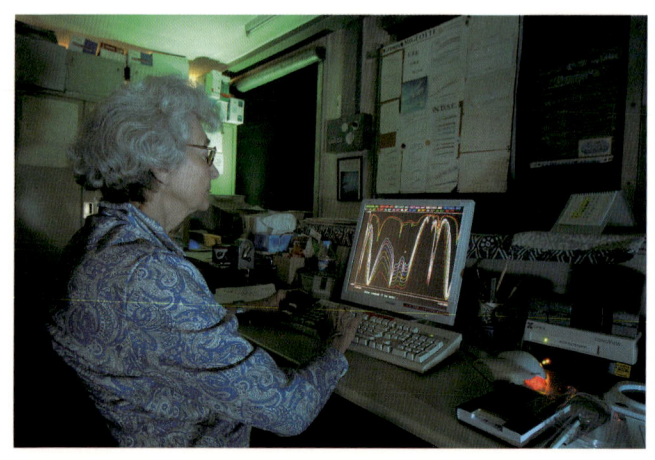

Die Physikerin Ginette Roland fandet nach diversen Stoffen in der Atmosphäre.

die Milchstrasse, an deren Rand wir leben, und lässt neben anderem auch Rückschlüsse auf unser Erdmagnetfeld zu. Messkampagnen zu dieser kosmischen Teilchenstrahlung erfolgten auf dem Jungfraujoch bereits 1923 und bilden bis heute einen der Forschungsschwerpunkte.

Die Gletscherwelt des Jochs hat schon sehr früh Forscher aus verschiedensten Disziplinen angezogen. Bevor eine Bahn bequem in die Welt des Hochgebirges hinaufgeführt hatte, blieb der Raum allerdings nur ganz wenigen wetterfesten und alpinistisch versierten Wissenschaftlern vorbehalten. Die Konzessionsurkunde für die Jungfraubahn enthielt jedoch eine Bestimmung, die die Gesellschaft verpflichtete, ein wissenschaftliches Höheninstitut finanziell wirksam zu unterstützen. Nachdem andere Länder in der Höhenforschung bereits vorangeschritten waren, beurteilten Schweizer Wissenschaftler den Standort auf dem Joch mit seiner bestehenden Bahn, dem Hotel und der grossen Höhe über Meer als idealen Ort für ein eigenes Institut. Wissenschaft kennt keine Landesgrenzen und lebt vom internationalen Austausch und Wettbewerb. Diesem Grundsatz folgend, entschlossen sich die Schweizer Gründerväter, einen internationalen Stiftungsrat einzusetzen und das Institut im

mit einer Bahn erlauben einen einfachen Materialtransport, selbst für Experimente mit tonnenschwerer Ausrüstung. Die beiden Forschungsgebäude offerieren bequeme Übernachtungsmöglichkeiten, diverse Labors und Plattformen für verschiedenste Messinstrumente. Mit einer Höhe von rund 3500 Meter über Meer ragt das Joch in Luftschichten hinauf, die sehr rein und trocken sind und durch die relativ grosse Distanz zu industriellen Zentren nur wenig Fremdstoffe enthalten. Mit Begeisterung wurde die Infrastruktur – in der Anfangszeit vor allem von Meteorologen, den oben erwähnten Strahlungsforschern, Astronomen und Physiologen – genutzt. Die astronomische Forschung, mit dem damals leistungsstärksten Teleskop, trug in den 60er-Jahren zum weltweiten Ruhm des Instituts bei. Dieses konnte 1967 um einen weiteren Standort auf dem Gornergrat bei Zermatt ergänzt werden. Der Gornergrat offeriert ebenfalls einen einfachen Zugang mit der Bahn und eine Höhenlage von rund 3100 Meter. Aus den beiden Zentren ergab sich die heute noch gültige Bezeichnung: Internationale Stiftung Hochalpine Forschungsstationen Jungfraujoch und Gornergrat (HFSJG).

Zurzeit laufen in den Institutsgebäuden auf dem Jungfraujoch fast 30 verschiedene Forschungs- oder Überwachungsprojekte. Zusammengezählt verbringen die anwesenden Wissenschaftler/innen rund 1000 Arbeitstage im Jahr auf der hochalpinen Station. Immer beliebter werden jedoch Messfühler, die via Internet auch im Büro jederzeit und auf der ganzen Welt abgerufen werden können. Der Brennpunkt der Forschung hat sich von den traditionelleren Betätigungsfeldern hauptsächlich hin zu umweltbezogenen Themenkreisen verlagert. Man untersucht den Gesundheitszustand des Planeten und die zahlreichen Einflüsse durch eine stetig wachsende Menschheit. In diesem Zusammenhang ist das Institut in weltweite Netzwerke eingebunden. Dazu gehören das globale Netzwerk für die Überwachung der Atmosphäre (Global Atmosphere Watch, GAW) sowie das Netzwerk für die Erforschung chemischer und physikalischer Prozesse in der Stratosphäre (Network for the Detection

Regelmässige Schwefeldioxidmessungen durch die EMPA.

of Stratospheric Change, NDSC). Durch die spezielle Höhenlage mit der nahezu reinen Luft liefern das Jungfraujoch und zwei weitere Stationen in den Alpen im GAW die Vergleichsmesswerte für «Reinluft». Aber auch innerhalb europäischer oder nationaler Messnetze fällt der Höhenstation eine besondere Bedeutung zu, beispielsweise in der Satellitennavigation, in der Wettervorhersage oder im nationalen Beobachtungsnetz für Luftfremdstoffe (NABEL).
Neben den Anstrengungen in der Grundlagenforschung und den Überwachungsaufgaben, spüren Forscher hier auch konkreten Anwendungsproblemen nach. Die Firma ABB testet unter der gesteigerten Strahlungsbelastung in der Höhe die Widerstandskraft von elektronischen Halbleiter-Geräten oder die Technische Hochschule von Burgdorf die Langlebigkeit ihrer Solarzellen. Auch Menschen kommen hier zwischendurch ins Schwitzen: Im Rahmen von Forschungsarbeiten über die Höhenanpassung müssen Versuchspersonen in die Pedalen eines Heimvelos treten oder sich anderen Belastungen aussetzen.
Trotz aller Technik kommt auch die moderne Forschung nicht ohne Menschen vor Ort aus. Die Station wird daher rund um die Uhr von Hauswarten betreut. Diese halten das Gebäude in Schuss, überwachen die Funktionstüchtigkeit der Geräte und gehen auch bei verschiedenen Experimenten zur Hand. Selbst die Schweizerische Meteorologische Anstalt stützt sich, neben den rund 25 elektronischen Messwerten, immer noch auf die Augen der Hauswarte ab. Zu festgesetzten Zeiten müssen sie standardisierte Beobachtungen, wie etwa die Wolkenhöhen, an die Zentrale melden. Spezielle Ereignisse gilt es ebenfalls zu protokollieren. Bereits ein vorbeifliegender Helikopter provoziert mit seinen Abgasen in den feinen Sensoren einen Ausschlag und kann zu Fehlinterpretationen der Messergebnisse führen. Sonderbare Werte lieferte einmal eine ganze Weile ein Gerät für die Messung von Sonnenstrahlung, ohne dass der Hauswart eine spezielle Beobachtung verzeichnet hätte. Des Rätsels Lösung fand man beim Öffnen des Geräts: Eine Fliege hatte sich dort

Direktor und Forscher in Personalunion: Erwin Flückiger erklärt die Messung der Teilchenstrahlung.

hineinverirrt. Aufgehorcht hatten Wissenschaftler auch, als sie Spuren eines Stoffes entdeckten, den es in der reinen Luft auf dem Joch gar nicht hätte geben dürfen. Diese harte Nuss zu knacken, bedurfte etlicher Anstrengungen. Aber auch hier kam man mit akribischer Detektivarbeit der Sache schliesslich auf den Grund: Der ominöse Stoff entströmt in kleinen Mengen den modernen Skischuhen, wo er in der Fabrikation seit einiger Zeit für das Aufschäumen der Innenschuhe dient …

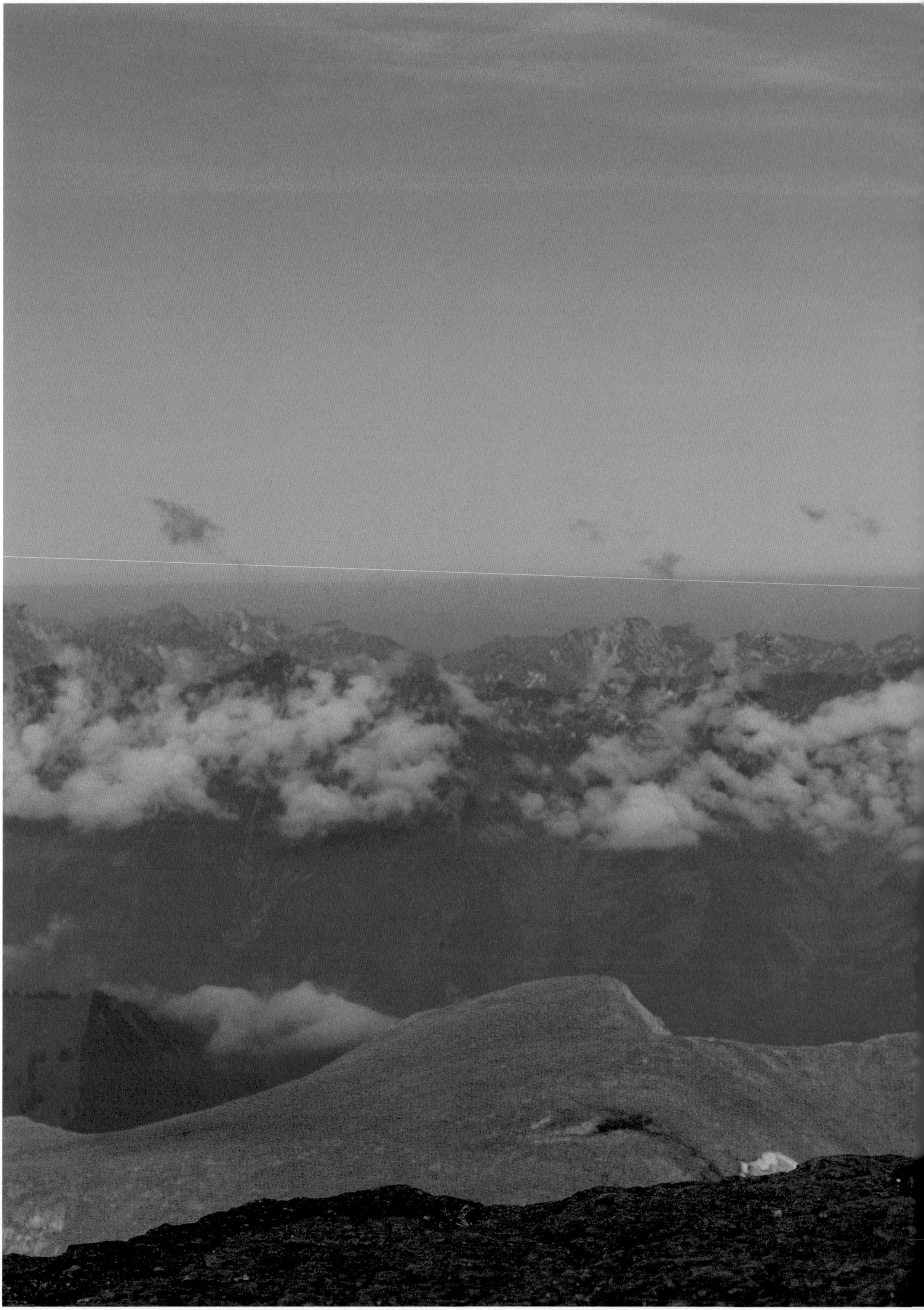

Ausgewählte Wanderungen und Skitouren

Bei den auf den folgenden Seiten vorgestellten zehn Wanderungen handelt es sich um eine persönliche Auswahl des Autors. Umfassende Informationen zu den vielen weiteren Wandermöglichkeiten sind in lokalen und regionalen Wanderkarten, Wanderbüchern, Exkursionsführern usw. beschrieben. Diese können in den Tourismusbüros sowie bei Valrando in Sitten oder beim Verein Berner Wanderwege in Bern bezogen werden.

UNESCO Welterbe
Jungfrau-Aletsch-Bietschhorn

- Perimeter Welterbe
- Erweiterung
- MUND Perimetergemeinde
- Postauto
- Eisenbahn
- Bergbahn

Gletscherschlucht
1. Trümmelbach
2. Unterer Grindelwaldgletscher
3. Rosenlaui

Wanderung
1. Erkundung im hinteren Lötschental
2. Erlebnis Aletschwald
3. Rund um das Eggishorn
4. Gletscherwelt der Baltschiederklause
5. Panoramawanderung First – Faulhorn
6. Tour im hinteren Lauterbrunnental
7. Im Bann der Blüemlisalp
8. Grimsel – Lauteraarhütte
9. Skierlebnis Lötschenlücke
10. Gletschertrekking Jungfraujoch – Grimsel

SAC-Hütte / Berghaus
1. Doldenhornhütte
2. Fründenhütte
3. Blüemlisalphütte
4. Mutthornhütte
5. Gspaltenhornhütte
6. Schmadrihütte
7. Hotel Obersteinberg
8. Berghaus Tschingelhorn
9. Berggasthaus Trachsellauenen
10. Rottalhütte
11. Silberhornhütte
12. Guggihütte
13. Mönchsjochhütte
14. Berglihütte
15. Mittellegihütte
16. Eiger-Ostegghütte
17. Schreckhornhütte
18. Glecksteinhütte
19. Dossenhütte
20. Gruebenhütte
21. Bächlitalhütte
22. Lauteraarhütte
23. Aarbiwak
24. Oberaarjochhütte
25. Finsteraarhornhütte
26. Konkordiahütte
27. Burghütte
28. Mittelaletschbiwak
29. Fusshornbiwak
30. Oberaletschhütte
31. Hollandiahütte (Lötschenhütte)
32. Anenhütte
33. Baltschiederklause
34. Stockhornbiwak
35. Wiwannihütte
36. Bietschhornhütte

Massstab 1:190 000
Kartenbearbeitung Flotron AG
Reproduziert mit Bewilligung
von swisstopo (BA057255)

MEIRINGEN
SCHATTENHALB
INNERTKIRCHEN
GUTTANNEN
GRINDELWALD
ALETSCH
FIESCHERTAL
BELLWALD
BETTEN
RIEDERALP
Gadmen
Furen
Nessental
Steingletscher
Susten P.
Sustenh.
Tierberg
Giessbach
Unterheid
Unterbach
Zuun
Hasen
Goldern
Reuti
Balm
Willigen
Wysseflüö
Wiler
Axalp
Oltschiburg
Wandelalp
Tschingel
Plangau
Schwarzh.
Rosenlaui
Breitenboden
Understock
Boden
Faulh.
Grindel
First
Gr. Scheidegg
Wellh.
Dossen
Gallauistöck
Steinhüsh.
Diechterh.
Damma St.
Tieralpli St.
Wetterh.
Hangend-gletscherh.
Ritzlih.
Gelmerh.
Bärgli St.
Steinlauih.
Galen St.
Handegg
Gärstenh.
Furkah.
Mättenberg
Alpiglen
Ewigschneeh.
Schreckh.
Bächli St.
Lauteraarh.
Hiender St.
Belvédère
Furka P.
Grimsel Hospiz
Gletsch
Eiger
Eismeer
Fiescher Gl.
Lauteraarrothh.
Unteraar Gl.
Escherh.
Grimsel P.
Sidelh.
Mönch
Fiescherh.
Agassizhorn
Scheuchzerh.
Oberwald
Unterwassern
Furkatunnel
Grünh.
Finsteraarh.
Oberaarh.
Oberaar Gl.
Löffelh.
Oberaarjoch
Oberaarrothorn
Obergesteln
Fiescher Gabelhorn
Ulrichen
Geschinen
Konkordia-platz
P. Gallina
Wannenh.
Wasenh.
Münster VS
Nufenen P.
Dreieckh.
Aletschh.
Reckingen VS
Gluringen
Biel
Selkingen
Ritzingen
Risih.
Strahlh.
Olmenh.
Geissh.
Blitzingen
Richinen
Fusshner
Eggish.
Niederwald
Steinhaus
Blinnenh.
A.Toggia
Riale
Kuhboden
Fiesch
Mühlebach
Ernen
Rappeh.
Bettmeralp
Martisberg
Lax
Ausserbinn
Riederalp
Egga
Goppisberg
Greich
Grengiols
Bister
Binn
Breith.
Mörel
Bitsch
Heiligkreuz
Termen
Bättlih.
Brig
Glis
Ried
Rosswald
Schallberg
Hillehorn
Helsenh.
Bortelh.
Basel
Zürich
Bern
Luzern
Interlaken
Chur
Lausanne
Kandersteg
Gotthard
Sion
Naters
Brig
Genève
Lugano

1. Erkundungen im hinteren Lötschental

Gletscherstafel – Fafleralp – Schwarzsee – Tellistafel – Blatten

Ausgangspunkt
Gletscherstafel

Endpunkt Blatten

Länge Halbtagestour, rund 5 km

Aufstieg 100 m

Abstieg 300 m

Wanderzeit rund 2,25 h

Charakter Kurze und einfache Wanderung auf guten Wegen

Karten Bundesamt für Landestopographie 1:25 000 Blatt 1268

Wer zwischen Brig und Visp unterwegs ist, kann sich nur schwer vorstellen, dass hinter den steilen und mächtigen Flanken auf der Nordseite ein grosszügiges Hochtal verläuft. Das Lötschental offenbart sich den Besuchern tatsächlich erst auf den zweiten Blick. Nach dem recht abweisenden Taleinschnitt beschreibt das Gelände bei Goppenstein eine scharfe Drehung nach rechts, sodass man jedes Mal aufs Neue erstaunt ist, wenn sich dahinter das weite Tal öffnet. Ist man erst einmal im Lötschental drin, hat man den Eindruck, auf allen Seiten von hohen Bergen umgeben zu sein. Durch seine Grösse wirken die Berge aber nie bedrohlich nah.

0,0 km Die Wanderung beginnt beim **Gletscherstafel**, wo die Strasse endet und nur noch Fusswege weiterführen. Ganz hinten im Tal erblickt man über dem **Langgletscher** die runde Kerbe der **Lötschenlücke**. Unsere Wanderung wird uns allerdings an der rechten Flanke talabwärts in die entgegengesetzte Richtung führen.

Auf ebener Fläche umrunden wir eine bewaldete Kuppe bis zum Seelein des Weilers **Fafleralp**, wo wir entlang des **Faflerwaldes** ins **Uisters Tal**, das äussere Tal, einbiegen. Rund 1400 Meter über unseren Köpfen bildet der mächtige Schnee- und Gletscherpanzer des **Petersgrats** den Horizont.

Wir dringen aber nicht weiter in dieses Tal ein, sondern nehmen die erste Brücke, die
2,5 km uns nach wenigen hundert Metern in den **Chiemadwald** leitet. Nach einem knappen Kilometer erreichen wir den **Schwarzsee**. Hier sollte man unbedingt eine Rast einlegen und das fantastische Panorama geniessen. Bei windstillem Wetter zeichnen die mächtigen Berge im Süden – **Lötschentaler Breithorn**, **Breitlauihorn** und **Bietschhorn** – ein perfektes Spiegelbild auf die Wasseroberfläche. Ein wahrer Augenschmaus, vor allem im Herbst, wenn sich die Lärchen goldgelb einfärben. Gegen Abend, wenn nicht allzu viel Betrieb herrscht, kann man hier bisweilen auch Gämsen und Rehe nebeneinander beobachten.

Praktisch auf der Höhenlinie führt der Weg gemütlich in den nächsten Taleinschnitt,
4,0 km dem **Im Tellin**, nach dem auch der folgende Weiler **Tellistafel** benannt ist. Erneut können wir weit oben den **Petersgrat** erblicken. Mässig steil führt der Weg bald hin-
5,0 km ab nach **Blatten**, wo die einfache Wanderung endet.

Wer noch nicht genug hat, könnte von der **Tellistafel** auf guten Wegen weitere 5 km bis zur **Lauchernalp** zurücklegen. Von dort führt eine Bahn ins rund 600 Meter tiefer gelegene Dorf **Wiler**.

Seite 118/119
Eindeutige Zeichen!
Touristen werden auf dem Schilthorn unmissverständlich gewarnt.

Das frisch eingeschneite Lötschentaler Breithorn spiegelt sich im Schwarzsee. Links hinten ist noch ein Zipfel des Langgletschers sichtbar.

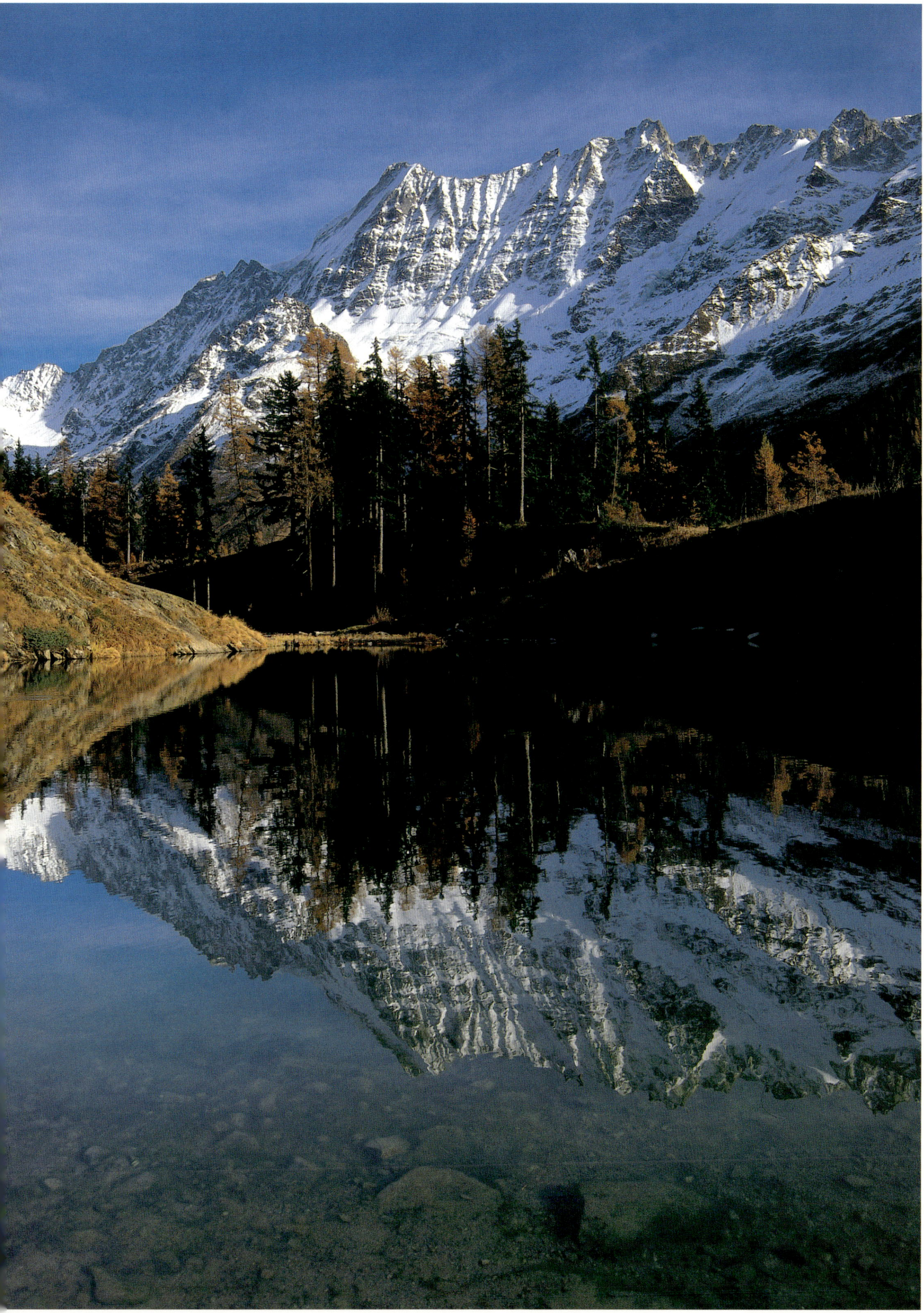

2. Erlebnis Aletschwald

Riederalp – Mossfluo – Alter Stafel – Aletschwald – Riederfurka – Riederalp

Ausgangspunkt
Mörel/Riederalp bzw. Mossfluo

Länge Tagesrundtour, rund 6,5 km

Aufstieg 300 m

Abstieg 400 m

Wanderzeit rund 4 h

Charakter Mittellange alpine Wanderung mit geringen Schwierigkeiten und wenig Höhendifferenz

Karten Bundesamt für Landestopographie 1:25 000 Blatt 2516 Zusammensetzung

0,0 km Noch lässt sich nichts von der fantastischen Landschaft erahnen, nachdem uns die Bahn von **Mörel** auf die **Riederalp** gebracht hat. Der **Aletschgletscher** und seine Berge bleiben hinter dem **Riedergrat** verborgen. Der Ausblick nach Südwesten in die hochalpine Bergwelt von **Saas Fee** und **Zermatt** ist allerdings schon von hier aus spektakulär. Nur etwas weit weg.

Eine weitere Bahn bringt uns auf die **Mossfluo**. Unvermittelt wird der Blick frei in die südlichen Berner Alpen – und plötzlich liegt der gewaltige Eiskoloss zu Füssen. Wie ein urweltliches Riesentier windet er sich da in seiner Mulde. Darüber thronen die spektakulären Zacken der **Fusshörner** und des **Aletschhorns**.

1,5 km Die gigantische Aussicht bleibt uns auf unserem Weg nach unten zum Gletscher und zu einem kleinen Gletscherrandseelein beim **Alten Stafel** erhalten. Nach rund 400 Höhenmetern Abstieg haben wir das erste Etappenziel erreicht. Erst jetzt werden die tatsächlichen Dimensionen des Gletschers begreifbar. Die aus der Vogelperspektive scheinbar kleinen Falten und Wülste türmen sich nun dutzende von Metern auf.

Zwischen glatt geschliffenen Felsplatten lädt der kleine See mit seinem türkisgrünen Wasser zum Verweilen ein. Bunte Weidenröschen und Steinbrech säumen die steinigen Ufer. Der Blick schweift talaufwärts zu dem Zackenkranz der **Walliser Fiescherhörner**, die den Gletscher an seiner Ostseite flankieren.

Auf sanft ansteigenden Pfaden geht es später weiter in Richtung **Riederfurka**. Im steinigen Gletschervorfeld beginnen die ersten Lärchen Fuss zu fassen. Man braucht nicht viel Glück, um auch Gämsen anzutreffen.

4,5 km Allmählich wird der Wald dichter und knorriger. Das helle Farbkleid der Lärchen wird immer mehr durch das Dunkelgrün der Arven abgelöst. Es bleibt aber immer luftig und licht im Gehölz.

6,5 km Rund 5 km nach dem Gletscherseelein erreichen wir nach entspannter Wanderung die **Riederfurka**. Hier lädt ein kleines Berghotel zu Speis und Trank. In der **Villa Cassel** nebenan unterhält die Schweizer Naturschutzorganisation Pro Natura ein Zentrum. Man kann sich dort ebenfalls verpflegen, geführte Exkursionen durch den Wald buchen oder sich im Museum umschauen.

Schwierig zu sagen, welche Jahreszeit am ehesten zu empfehlen ist. Im Herbst, normalerweise in den ersten beiden Oktoberwochen, explodiert das Gebiet in einem wahren Farbenrausch. Ende Juni, Anfang Juli hingegen überziehen die blühenden Alpenrosen das satte Grün des Bergsommers mit einem fantastischen Dunkelrosa.

Anfang Juli blühen im Aletschwald die Alpenrosen. Der Bergfrühling zaubert frische Farben in die Landschaft.

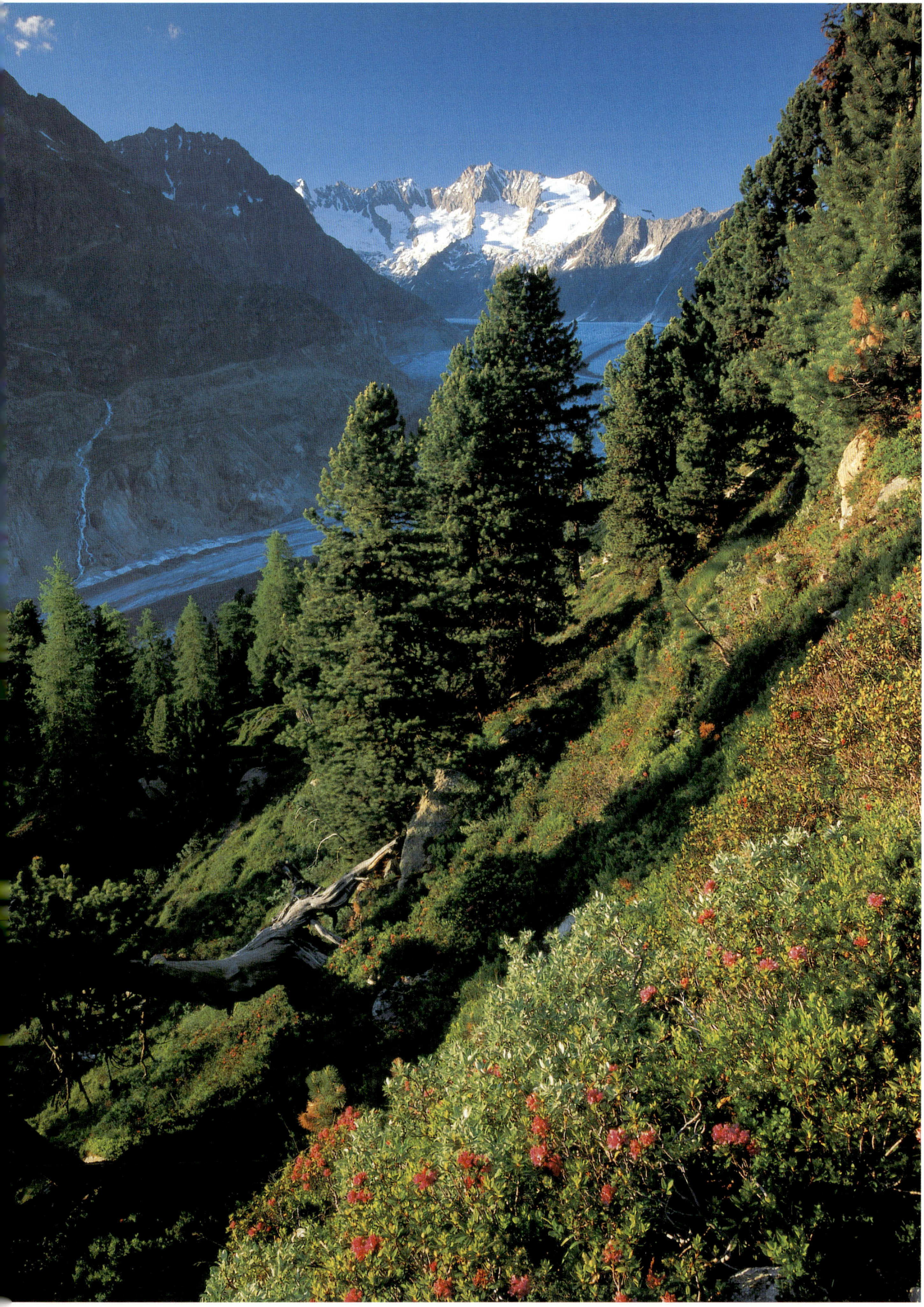

3. Rund um das Eggishorn

Kühboden – Unners Tälli – Märjela – Roti Chumma – Bettmergrat – Kühboden

Ausgangspunkt
Fiesch bzw. Kühboden

Länge Tagesrundtour, rund 15 km

Aufstieg 420 m

Abstieg 420 m

Wanderzeit rund 6 h

Charakter Längere alpine Wanderung mit geringen Schwierigkeiten und wenig Höhendifferenz

Karten Bundesamt für Landestopographie 1:25 000 Blatt 2516 Zusammensetzung

0,0 km	
3,5 km	
5,5 km	
8,5 km	
9,5 km	
12,0 km	
15,0 km	

Mit der Eggishornbahn überwinden wir entspannt die 1100 Höhenmeter zwischen **Fiesch** und dem **Kühboden** auf rund 2200 m. Ab hier wandern wir ostwärts zuerst auf einem breiten Kiesweg leicht abwärts bis zum Punkt 2180, wo ein schmaler Wanderweg abzweigt. Erst nachdem wir die Bächlein bei **Unners Tälli** überquert haben, steigt der Weg allmählich steiler werdend an. Eine fantastische Aussicht auf die zerschrundene Zunge des **Fieschergletschers** und in die eisgepanzerten Berner Alpen eröffnet sich beim Taleinschnitt der **Märjela**. Kurze Zeit später lädt das Berggasthaus Gletscherstube zu Speis und Trank oder wir gönnen uns eine Rast zwischen den Bergseelein, die dicht mit dem wattebauschigen Wollgras bedeckt sind. Das Panorama über die schroffen Zacken des **Geiss-** und **Olmenhorns**, die über dem **Aletschgletscher** aufragen, schlägt uns jetzt in seinen Bann. Erkundungsfreudige gönnen sich den kurzen Abstieg zum Gletscherrandsee **Märjelen**, der allerdings nicht immer aufgestaut ist. Beim markanten NW-Grat des **Eggishorns** biegen wir kurze Zeit später ins Hauptttal des **Aletschgletschers** ein. Hier bietet sich ein einzigartiger Rundblick auf den grössten Gletscherstrom der Alpen von der Zunge über den **Konkordiaplatz** bis hinauf zum **Jungfraujoch**. Über 20 km Eis am Stück liegen uns zu Füssen. Rund abgeschliffene Felsplatten zeugen von der Urkraft der Natur, und wenn man ein wenig hinhorcht, kann man zwischendurch sogar das Ächzen und Stöhnen des Gletschers wahrnehmen. Blau schimmert jahrhundertealtes Gletschereis aus Spalten und Klüften empor, unzählige Schmelzwassertümpel spiegeln den wolkigen Himmel.

Geradeaus führt der Weg nun weiter entlang der Flanke des **Eggishorns** bis zur **Roti Chumma** (Pt. 2369), wo wir die untere Abzweigung wählen. Hier schweift der Blick ins wilde Tal des **Mittelaletschgletschers** und auch hinauf zum majestätischen **Aletschhorn**. Während der **Aletschgletscher** immer weiter in der Tiefe entschwindet, führt uns die Wanderung ohne nennenswerten Höhenunterschied bis zum Punkt 2371 weiter dem Hang entlang. Jetzt gilt es, die letzten rund 130 Höhenmeter auf den **Bettmergrat** in Angriff zu nehmen. Oben liegt die Gletschereinsamkeit hinter uns, und wir blicken wieder in das Hauptttal des Wallis. Absteigend erreichen wir nach rund 3 km die Ausgangsstation **Kühboden**.

Nach einem Sommergewitter spannt sich ein Regenbogen über den Fieschergletscher.

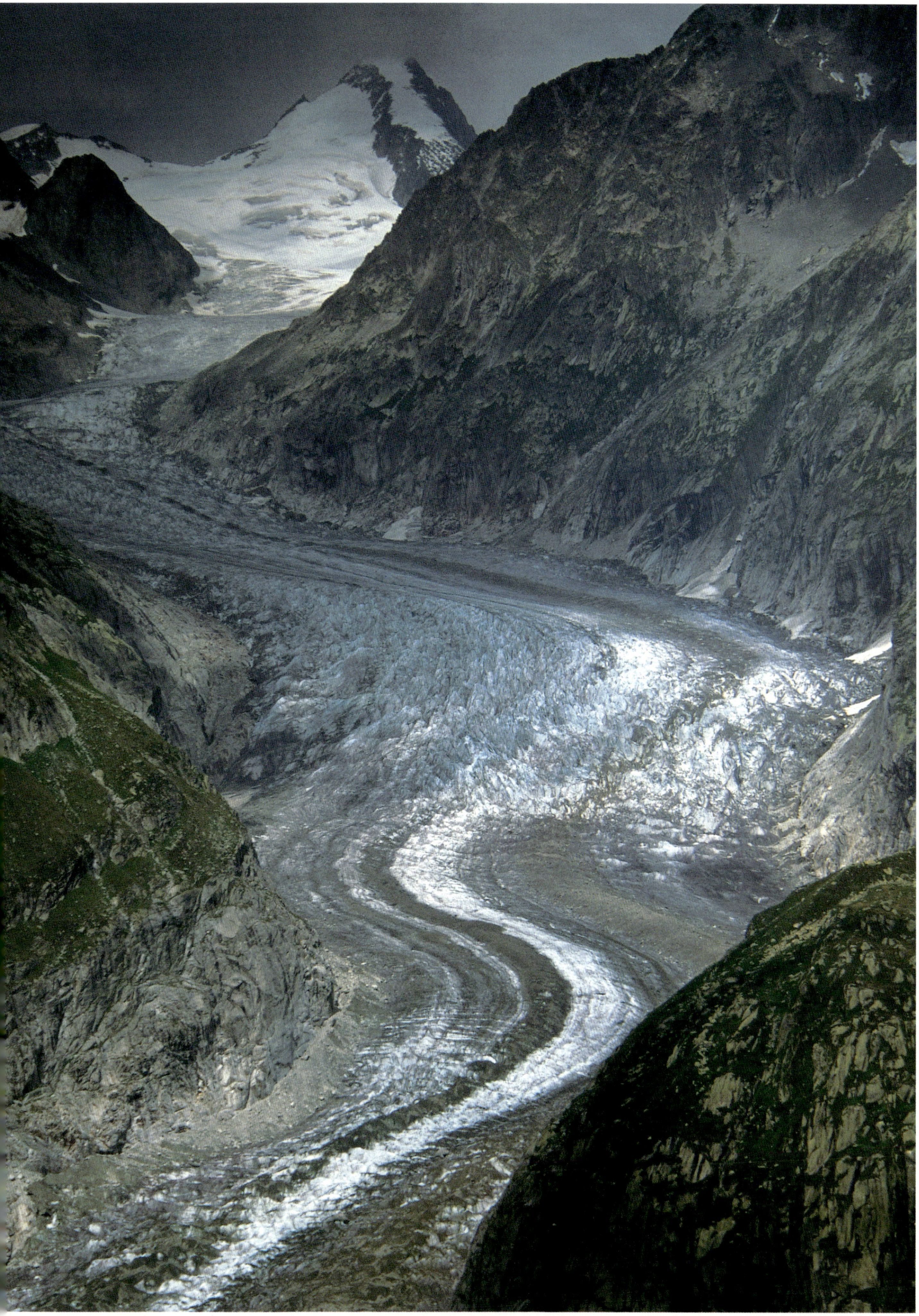

4. Hinauf in die Gletscherwelt der Baltschiederklause

Salmufee – Nywärch – Chiemattu – Martischipfu – Baltschiederklause retour
Besuch der Molybdänminen am nächsten Tag möglich

Ausgangspunkt
Ausserberg bzw. Salmufee

Länge Zweitagesrundtour, retour rund 22 km

Aufstieg 1700 m

Abstieg 1700 m

Wanderzeit
Im Aufstieg rund 7 h

Charakter Anstrengende und teilweise anspruchsvolle Wanderung bis in hochalpines Gelände. Wege immer gut markiert.

Karten Bundesamt für Landestopographie
1:25 000
Blätter 1288 und 1268

	0,0 km
	5,0 km
	8,0 km
	11,0 km

Auf dieser Tour steigt man von bunten Blumenwiesen und Mischwäldern bis hinauf zur eisigen Welt der Gletscher durch alle Höhenstufen. Das macht ihren speziellen Reiz aus. Ausgangspunkt ist **Ausserberg** auf rund 1100 m ü. M. Die **Baltschiederklause** liegt auf 2800 m ü. M.

Zuerst umgeben von Wiesen und dann im schattigen Wald erreicht man über die Hangflanke das **Baltschiedertal**. Schon bald stockt einem der Atem. Der Weg führt ohne Geländer entlang der historischen Wasserleitung **Nywärch**, die mit Holzbohlen in einer abgründigen Felswand verankert ist. Dies ist definitiv kein Platz für kleine Kinder oder für Leute mit Höhenangst. Man kann diese Schlüsselstelle allerdings in einem Stollen mit Eingang gleich zu Beginn der Wanderung umgehen.

Recht gemütlich geht es kilometerweit immer weiter ins Tal hinein, bis bei **Chiemattu** steile Flanken den Weg versperren. Den Wald haben wir schon seit einiger Zeit hinter uns gelassen und dabei die 500 zurückgelegten Höhenmeter kaum bemerkt. Östlich steigen wir nun steil und anstrengend eine erste Geländestufe 700 Höhenmeter nach oben. Bergwiesen und der in Kaskaden donnernde Baltschiederbach säumen den Weg. Eine spärlich bewachsene, blockschuttübersäte Landschaft erwartet uns im nächsten Talboden. Über einer mächtigen Wandstufe erscheint hinten im Tal die Zunge des **Üssren Baltschiedergletschers**, und rechts daneben erkennen wir auf einem Felssporn die Hütte. Von unserem Ziel trennen uns allerdings immer noch 500 Höhenmeter. Bei der **Baltschiederklause** bietet sich ein überwältigendes Panorama. Inmitten einer kargen und sehr einsamen Gebirgslandschaft schiebt sich die Pyramide des **Bietschhorns** mit zackigen Graten über die Gletscher. Oft sind bei der Hütte auch Steinböcke anzutreffen.

Am nächsten Tag sollte man unbedingt den kurzen Weg zu den Gletschern hochsteigen, sei es in Richtung **Bietschhorn** oder noch besser in den Kessel des **Innren Baltschiedergletschers**. Die schroffen Zacken und Grate des **Lötschentaler Breithorns**, des **Breitlauihorns** und des **Jägihorns** schliessen das Amphitheater des **Innren Baltschiedergletschers** nach hinten ab. Hier befindet man sich in einer der wildesten und verlassensten Landschaften im ganzen Welterbe.

Den Gletscher sollte man in jedem Fall nur dort betreten, wo der Schutt oder das Eis sichtbar sind. Schneebedeckte Gletscher sind für Unangeseilte lebensgefährlich, weil man unversehens in eine verborgene Spalte stürzen kann.

Ein anderes mögliches Ziel sind die aufgegebenen Molybdänminen, die neuerdings auch mit einem Wanderweg erschlossen sind. Das Hüttenwartpaar gibt gerne Auskunft.

Rund um das Bietschhorn lebt eine der grössten Steinbockkolonien der Schweiz. Bei der Baltschiederklause trifft man sie häufig an.

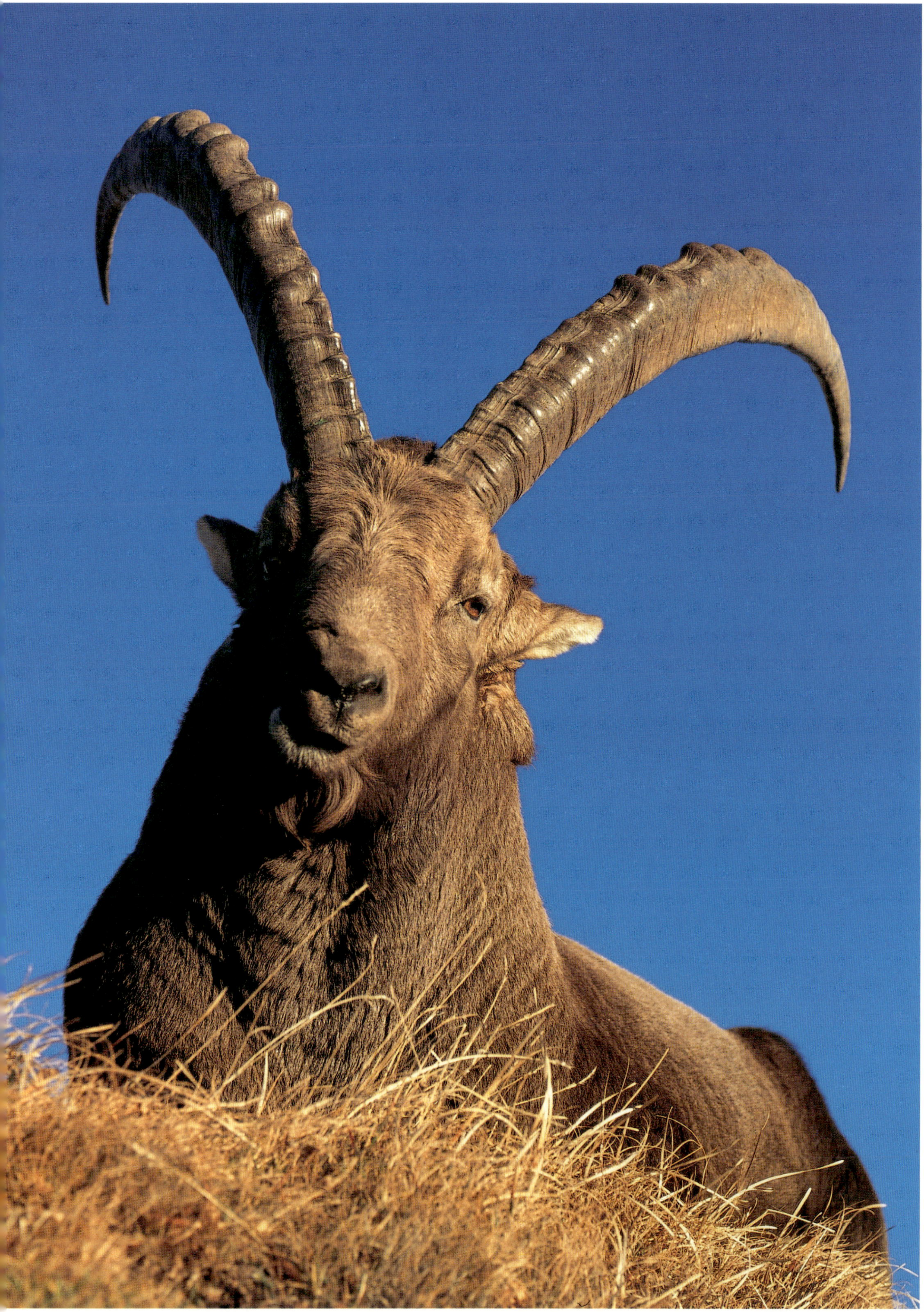

5. Im Bann von Eiger, Mönch und Jungfrau hinauf zum Faulhorn

First – Bachsee – Faulhorn retour
Variante: Weiterwanderung vom Faulhorn zur Schynige Platte

Ausgangspunkt
Grindelwald
bzw. Bergstation First

Länge Tagesrundtour, rund 10 km

Aufstieg 500 m

Abstieg 500 m

Wanderzeit rund 5 h

Charakter Mittellange Wanderung mit voralpinem Ambiente auf guten, breiten Wegen.

Karten Bundesamt für Landestopographie
1:25 000
Blatt 2520 Zusammensetzung

0,0 km
3,0 km
4,3 km
5,0 km
10,0 km

Immer dramatischer treten die schroffen Gipfel und gewaltigen Nordabstürze der Berner Oberländer Alpen hervor, je höher man mit der Seilbahn kommt. Bei der Bergstation **First** auf 2166 m beginnt unter diesem spektakulären Alpenpanorama die Wanderung auf breitem Kiesweg. Sanft ansteigend, führt dieser zwischen bunten, alpinen Matten in den Talkessel bis zum **Bachsee** hinein. Hier eröffnet sich ein fantastischer und weltbekannter Ausblick auf die Pyramiden von Schreckhorn und Finsteraarhorn, die sich im blauen Bergsee spiegeln. Unzählige Kalenderbilder und noch viel mehr solche fürs Familienalbum wurden hier schon geschossen. Vor die Nordwände von Eiger, Mönch und Jungfrau hat sich allerdings die Flanke des **Reeti** geschoben.

Hinter dem **Bachsee** steigt der Weg deutlich, aber nicht dramatisch zum Schlussspurt an. Vorbei an der **Burgihitta** gelangt man zur **Reetihitta** und zum Sattel des **Gassenbodens**. Hinter dem sanft geschwungenen und flachen Boden erhebt sich über der Gipfelkuppe auf 2681 m das Ziel der Wanderung, das höchstgelegene Berghotel der Schweiz. Vom **Faulhorn** aus bietet sich in alle Himmelsrichtungen ein überwältigender Rundblick über Jura und Mittelland mit seinen Seen zu den Voralpen bis hinein in die spektakuläre, eisige Welt des Hochgebirges.

Alternativ könnte man auf dem **Faulhorn** auch übernachten, um von diesem erstklassigen Logenplatz aus die fantastischen Sonnenunter- bzw. Sonnenaufgänge zu geniessen. Ein unvergessliches Erlebnis ...

Auf der anderen Seite könnte man auch die Weiterwanderung bis zur **Schynige Platte** in Erwägung ziehen. Damit würde die Wanderung zu einem grösseren, aber nicht unverhältnismässigen Unternehmen auswachsen. Weitere 10 km und rund 700 Höhenmeter im Abstieg müssten bewältigt werden.

Die Eiligeren oder weniger Ambitionierten geniessen auf dem **Faulhorn** eine ausgiebige Rast und die schöne Aussicht. Der Rückweg führt über die gleiche Strecke zurück zur Bahnstation **First**.

Von einer besonders attraktiven Seite präsentiert sich das Schreckhorn mit dem Oberen Grindelwaldgletscher bei der Station First.

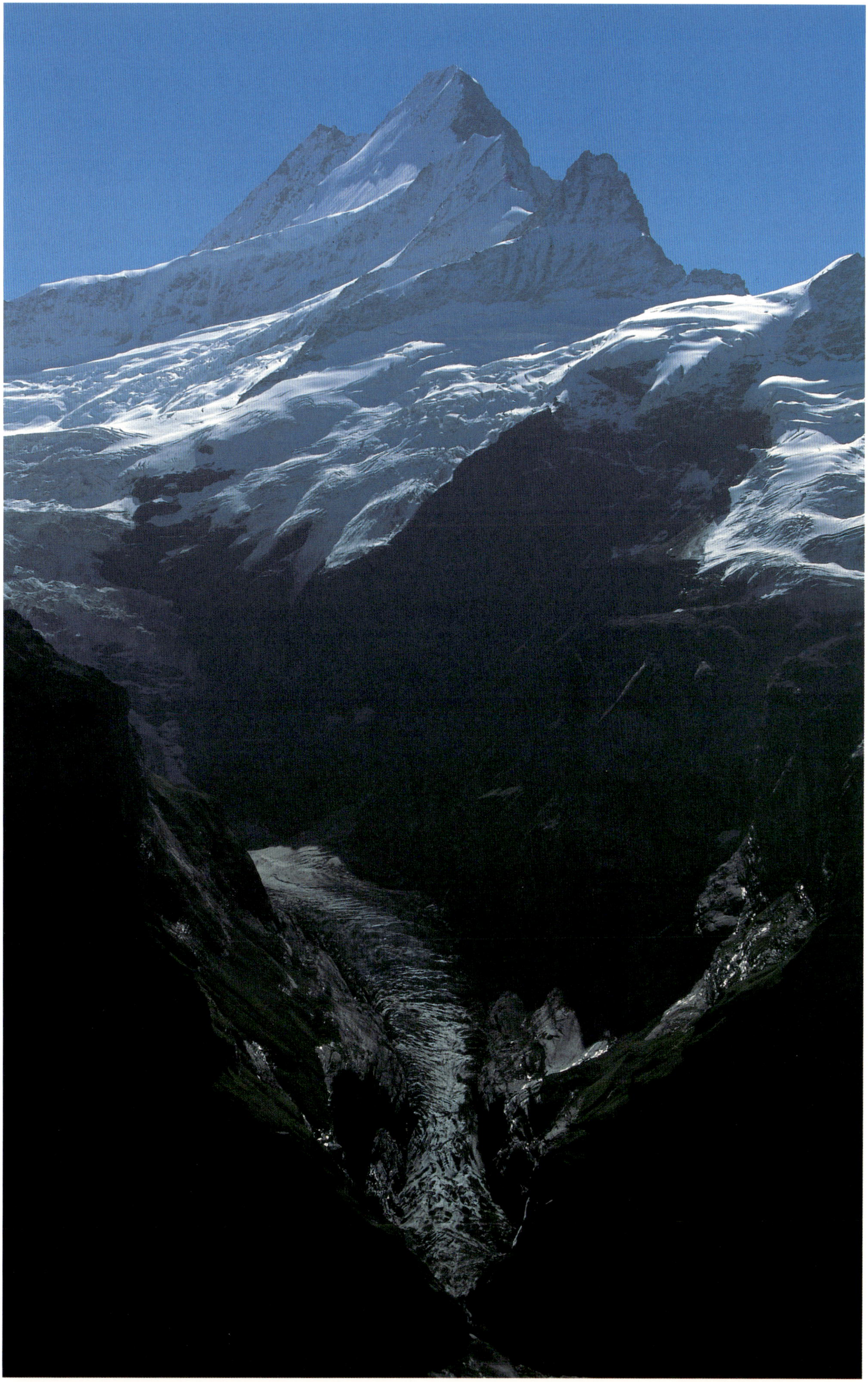

6. Eine Rundreise im hinteren Lauterbrunnental

Stechelberg –
Trachsellauenen –
Hotel Tschingelhorn –
Obersteinberg – Im Tal –
Läger – Schiirboden –
Trachsellauenen –
Stechelberg

Ausgangspunkt
Lauterbrunnen
bzw. Stechelberg

Länge Tagesrundtour,
retour rund 11 km

Aufstieg 900 m

Abstieg 900 m

Wanderzeit rund 7,5 h

Charakter Längere
Wanderung mit bisweilen
steilen Passagen auf guten
Wegen

Karten Bundesamt für
Landestopographie
1:25 000
Blatt 1248

0,0 km — Himmelhoch ragen beidseits Felswände in die Höhe, aus der sich stiebende Wasserfälle hunderte von Metern in den grünen Talboden ergiessen. Vergletscherte Bergriesen bilden den Horizont. Wir befinden uns im landschaftlich äusserst reizvollen Lauterbrunnental, das bequem mit dem ÖV erreichbar ist. **Stechelberg** ist Ausgangspunkt für die Rundreise in den spektakulären Talkessel des hinteren Lauterbrunnentals.

Abwechslungsweise im Wald und dann wieder entlang von Wiesen folgen wir dem Weg im Talboden, nie weit vom tosenden Gletscherbach entfernt. Bei **Trachsel-**
2,0 km — **lauenen** würde sich im Hotel die Gelegenheit für einen frühen Umtrunk anbieten. Die Wanderung bleibt danach auf der orografisch linken Talseite und beginnt in einem wieder waldigen Abschnitt steil anzusteigen. Nach dem schattigen Wald folgen er-
3,5 km — neut bunte Almwiesen bis zum Hotel Tschingelhorn (**Pt. 1678**), wo wir bereits den grössten Teil der geforderten Höhe zurückgelegt haben. Vorher sind wir an dem kulturhistorisch bedeutsamen Bergwerk Trachsellauenen vorbeigekommen.

Hier oben tut sich ein berauschender Ausblick auf. Wie in einem überdimensionierten Amphitheater reiht sich rund um uns ein Gipfel an den anderen, folgen sich abweisende, eisgepanzerte Nordwände, schroffe Grate und Spitzen. Auch in diesen Wänden wurde Alpingeschichte geschrieben.

Knapp oberhalb der Waldgrenze folgen wir inmitten der dramatischen Kulisse dem
5,0 km — Hang des **Obersteinbergs** bis zum Berggasthaus gleichen Namens (Pt. 1778). Kerzenlicht und Petroleumlampen, bürgerliche Küche, eine eigene Alpkäserei, Maultiertransporte für Lebensmittel und Getränke – so gibt sich das Berggasthaus **Obersteinberg**! Wer zwei oder mehrere Tage im hinteren Lauterbrunnental verbringen möchte, findet hier eine ideale Übernachtungsmöglichkeit und einen guten Ausgangspunkt für diverse Wanderungen.

6,5 km — Nach einem kurzen Abstieg und noch kürzeren Aufstieg erreichen wir später **Läger**. Glatt geschliffene Felsen zeugen von der Urkraft der Gletscher, kleine Moore bereichern das Bild. Daneben stürzen die **Schmadribachfälle** über 200 Meter zu Tal. Wir steigen danach weiter zum **Schiirboden** ab, kommen wenig später an den Holdribachfällen vorbei und erreichen auf der rechten Seite der **Lütschine** wieder **Trach-**
7,5 km — **sellauenen**.

Wer gerne weite Wanderungen unternimmt, könnte alternativ von **Obersteinberg** zum **Oberhornsee** aufsteigen und die Rundreise über die **Oberhornmoräne** und den **Tanzhubel** unter die Füsse nehmen. Zusätzliche 5 km und rund 350 Höhenmeter im Aufstieg sind dann gefordert.

Die Jungfrau präsentiert sich im hinteren Lauterbrunnental aus einer ungewohnten Perspektive.

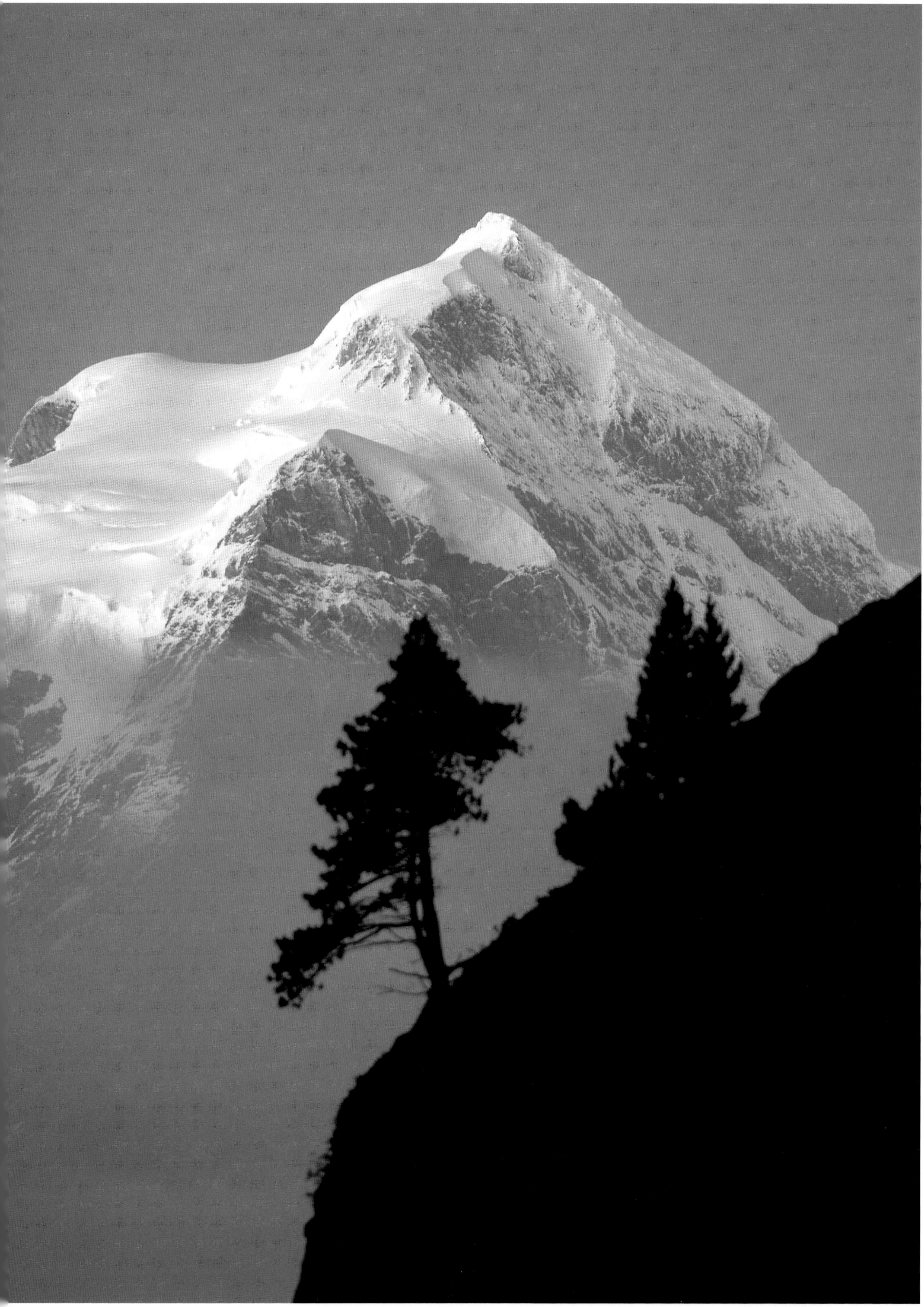

7. Im Bann der Blüemlisalp vom Gamchi zum Oeschinensee

Griesalp – Gamchi – (Gspaltenhornhütte) – Gamchigletscher – Zahmi Frau – Uf der Wart – Blüemlisalphütte – Oberbärgli – Oeschinensee – Kandersteg

	0,0 km
	3,5 km
	5,5 km
	6,5 km
	9,5 km
	12,5 km
	14 km

Ausgangspunkt
Reichenbach im Kandertal bzw. Griesalp

Endpunkt
Oeschinensee bzw. Kandersteg

Länge Sehr lange Tagestour oder humane Zweitagestour von rund 14 km

Aufstieg 1400 m

Abstieg 1200 m

Wanderzeit
Gesamte Etappe rund 10 h

Charakter Anstrengende und teilweise anspruchsvolle Wanderung bis in alpines Gelände. Wege markiert.

Karten Bundesamt für Landestopographie
1:25 000
Blatt 1248

Nach dem **Tschingelsee** zuhinterst im **Kiental** überwindet die Strasse in vielen Kehren eine imposante Steilstufe, in die der **Gamchibach** die tiefe **Griesschlucht** gefressen hat. Postautos fahren bis zur **Griesalp**, wo die Wanderung beginnt.

Auf der orografisch rechten Flussseite führt der Weg wenig ansteigend an Wiesen und einem kurzen Waldstück vorbei. Tief unten zwängt sich der **Gamchibach** durch eine enge Klamm. Nach einem felsigen Durchschlupf öffnet sich das Tal bei **Gamchi** in einem breiten Kessel wieder. Hoch über uns erkennen wir das schneeweisse Gipfeldreieck des **Bütlassens** und dahinter die zerborstenen Türme des **Gspaltenhorns**. Spätestens jetzt befinden wir uns in einer wilden und abgeschiedenen Gebirgslandschaft, die an Dramatik ihresgleichen sucht.

Der Weg führt jetzt über Felsbänder steil nach oben, bis wir auf rund 2100 m eine Gabelung erreichen. Hier müssen wir uns entscheiden, ob wir als Etappenziel die **Gspaltenhornhütte** oder die **Blüemlisalphütte** anvisieren wollen. Die **Gspaltenhornhütte** liegt in spektakulärer Landschaft, umgeben von wilden Fels- und Eiswänden auf rund 2450 m. Bis zur Blüemlisalphütte müssten wir auf rund 2850 m ü. M. hochsteigen und weitere 3 km Horizontaldistanz in Kauf nehmen. Die Lage auf einer Geländerippe am Fuss der **Wildi Frau** erlaubt von hier einen freieren Rundumblick.

Wie Sie sich auch entscheiden, am nächsten Tag führt der Weg entlang der Flanke des **Oeschinengrats** an den Zungen des **Blüemlisalpgletschers** vorbei und gibt bald einen spektakulären Ausblick auf das vergletscherte **Fründenhorn** und **Doldenhorn** frei. Am Boden dieses gigantischen Halbrunds liegt wie das Tüpfchen auf dem i der **Oeschinensee**. Teilweise eingebettet zwischen senkrechten Felswänden in Grau über Braun bis Weiss ergibt sich zusammen mit dem türkisfarbenen Bergsee ein besonders ästhetischer Anblick.

Am westlichen Seeufer erleben wir nach der kargen Gebirgswelt erstmals wieder einen waldigen Abschnitt. Hier treffen wir auch auf ein Berggasthaus mit bestem Ausblick auf die umliegenden Gipfel. Wer Lust hat, kann anschliessend den Abstieg nach Kandersteg wieder unter die Füsse nehmen oder wahlweise die Sesselbahn benützen. Das unbeschwerte Schweben nach einer eindrücklichen Wanderung ist ganz bestimmt auch nicht ohne Reiz.

Das versteckte Gspaltenhorn bietet mit über 1500 Metern Fallhöhe eine der höchsten Nordwände in den Alpen (Bild). Die Wanderung führt allerdings an seiner nicht minder abweisenden Westflanke vorbei.

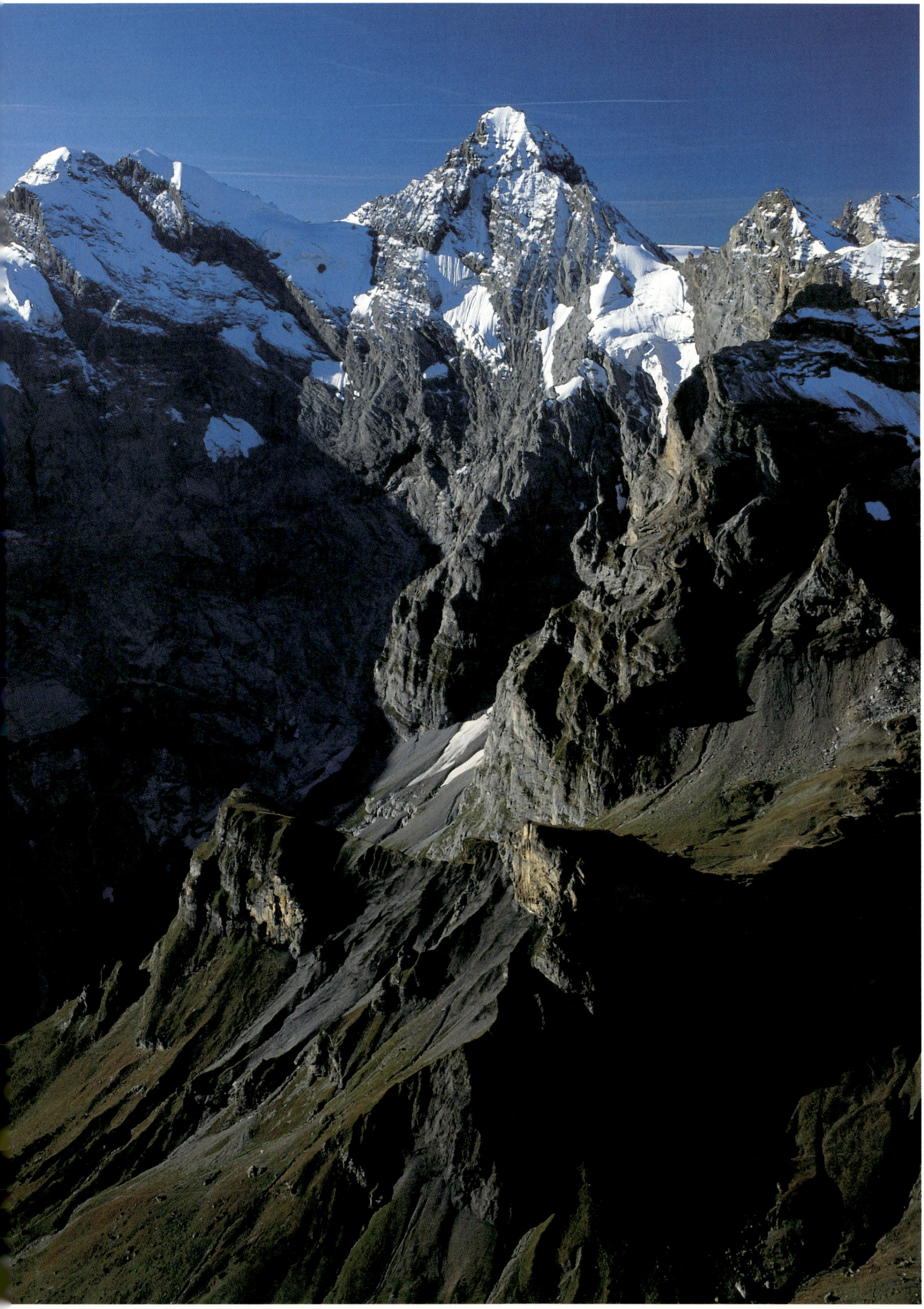

8. Vorbei an See und Gletscher zur Lauteraarhütte

Grimsel-Hospiz – Grimselsee-Nordufer – Unteraargletscher – Lauteraarhütte retour (Achtung Wegänderung: nicht mehr über Triftleni)

Ausgangspunkt
Grimsel-Hospiz

Länge Ein- oder Zweitagesrundtour, retour rund 19 km

Aufstieg 600 m

Abstieg 600 m

Wanderzeit Retour rund 8 h

Charakter Einfache Wanderung mit wenig Höhendifferenz hinein in eine fantastische, alpine Gletscherwelt.

Karten Bundesamt für Landestopographie 1:25 000 Blätter 1230 und 1250

0,0 km Entgegen allen Erwartungen befindet sich das **Grimsel-Hospiz** nicht auf der Passhöhe, sondern auf der Berner Seite, zwischen den beiden Staumauern des Grimselsees, auf einem Felskopf namens **Spittelnollen**. Diese Station wird auch von Postautos angefahren.

Mitten in einer eindrücklichen Gebirgslandschaft aus uraltem Aaregranit, überqueren wir nach der gebogenen Spittellammsperre die zweite Staumauer und wandern auf der Nordseite des **Grimselsees**, mal näher, mal weiter vom Ufer entfernt, dem **Unteraargletscher** entgegen. Die grosse Wasserfläche zwischen den Bergspitzen erzeugt ein ganz eigenes, ungewohntes Ambiente. Man wähnt sich fast in einen norwegischen Fjord versetzt. Saftige und bunte Bergwiesen säumen den Weg, ab und zu überqueren wir Bäche, die von der Flanke des **Brünbergs** hinuntergeschickt werden. Als besonderes Merkmal der «Sunnig Aar», als die das Gebiet nördlich des Grimselsees bekannt ist, zählt der charakteristische Arvenwald. Jahrhundertealte, zähe und knorrige Bäume haben sich dort bis heute gehalten.

6,0 km Es gibt einmal mehr kein anderes Wort als spektakulär, um die Szenerie im hinteren Teil des Sees zu beschreiben. Über 1000 Meter ragen die Gipfel des **Zinggenstocks** und des **Brünbergs** direkt vom Wasser beidseits steil in den Himmel. Tausende Quadratmeter glatt gehobelter Granitplatten setzen einen exotischen Kontrapunkt zu den schroffen und zackigen Gipfeln von **Schreckhorn** und **Lauteraarhorn** in der Ferne. Vielleicht treffen Sie hier Kletterer an, die in den steilen Platten hängen. Eldorado wurde das Gebiet getauft. Die Erschliesser haben hier scheinbar ihr gelobtes Land, ihr «Goldland», gefunden. Wie Gold leuchten die glatten Platten im weichen Licht auch auf.

Kaum zu glauben, aber unter dem Schutt, den wir jetzt erreichen, verbirgt sich tatsächlich die Gletscherzunge des **Unteraargletschers**. Völlig gefahrlos führt der Weg über den Gletscher oder, besser gesagt, über die Schuttfelder. Rund drei Kilometer später

9,5 km erreichen wir auf einer Felskanzel die **Lauteraarhütte**. Der Ort gewährt uns einmalige Ausblicke in die vergletscherte Bergwelt, darunter auch auf das **Finsteraarhorn**, mit 4274 m der höchste Berner Viertausender.

Verbringen Sie die Nacht in der Hütte. Dann können Sie die Ruhe und die Dramatik der Landschaft entspannt aufnehmen. Eilige oder Leistungsorientierte schaffen es am

18,0 km selben Tag wieder zurück zum **Hospiz**.

Die drolligen Murmeltiere trifft man vor allem an den südexponierten Hängen an.

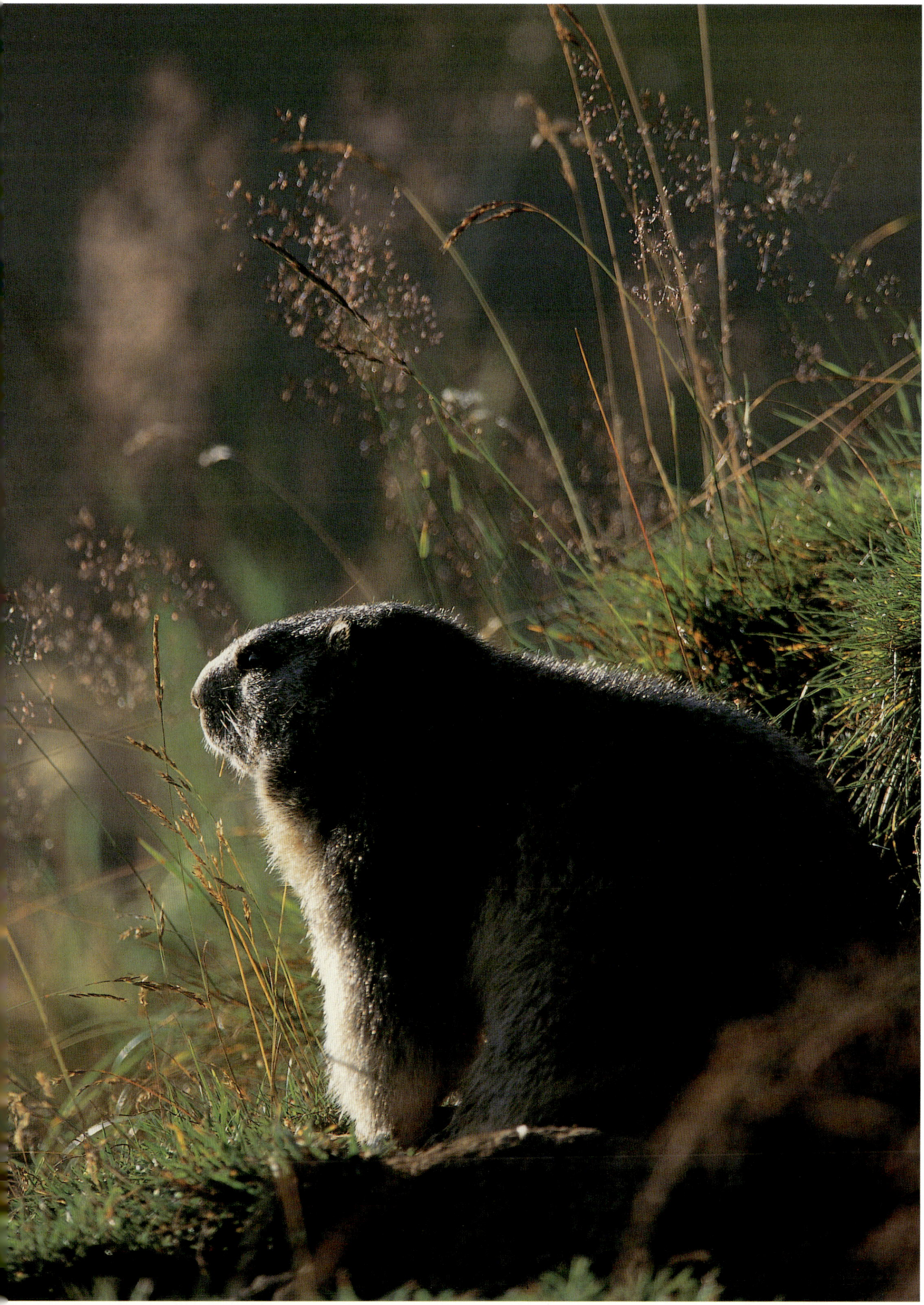

9. Skierlebnis vom Jungfraujoch ins Lötschental (nur mit Bergführer/in)

Alle Bergführer/innen oder Bergsteigerschulen der Region bieten diese Tour an.

Grindelwald oder Lauterbrunnen – Jungfraujoch – Konkordiaplatz – Lötschenlücke – Gletscherstafel – mit ÖV zurück ins Berner Oberland

Ausgangspunkt
Lauterbrunnen oder Grindelwald bzw. Jungfraujoch

Endpunkt
Lötschental bzw. Gletscherstafel

Länge Tagestour, rund 21 km

Aufstieg 450 m

Aufstiegszeit rund 3 h

Abfahrt 2100 m

Charakter Leichte, durch die Höhe aber anstrengende Skitour zumeist auf Gletscher. Hochgebirgserfahrung oder Bergführer/in zwingend. Keine Wegmarkierungen.

Karten Bundesamt für Landestopographie
1:50 000
Blatt 264 S

- 0,0 km
- 6,5 km
- 11,5 km
- 21,0 km

Wer seine Skier auch abseits der Pisten im Griff hat und über eine gute Grundkondition verfügt, kann diese Rundreise ins Herz des Welterbes und in die eindrücklichste Gletscherlandschaft von ganz Kontinentaleuropa gelassen in Angriff nehmen. Skier mit Laufbindung, ein/e Bergführer/in oder reichlich Hochgebirgserfahrung sind Pflicht. Die Tour bietet vergleichsweise geringe technische Schwierigkeiten und stellt auch keine aussergewöhnlichen konditionellen Ansprüche. Die meisten Höhenmeter werden mit der Bahn zurückgelegt. Dafür gestaltet sich der landschaftliche Rahmen umso spektakulärer. Mehr Hochgebirge kann man in unseren Gefilden nicht erleben. Erstaunlich auch, wie gering der Aufwand für dieses Abenteuer ist.

Die erste Bahn am Morgen führt uns von **Grindelwald** oder **Lauterbrunnen** in zwei Etappen hinauf zum **Jungfraujoch**. Beim Gang durch den Stollen zur Südseite des Berges spürt man möglicherweise den Pulsschlag etwas stärker im Kopf. Wir befinden uns hier auf 3500 m ü. M. Bereits kurz nach 9.00 Uhr sind die Skier angeschnallt und die ersten Hänge liegen vor uns. Vorbei an Gletscherspalten, in die man ganze Einfamilienhäuser versenken könnte, geht die Fahrt über nicht sehr steile Hänge den **Jungfraufirn** bis zum **Konkordiaplatz** hinab. Die schieren Dimensionen sind überwältigend: kilometerweit nichts als Gletscher. Vor uns ragt die eisgepanzerte Nordflanke des **Dreieckhorns** und des **Aletschhorns** weit über 1000 Meter in die Höhe. Daneben, scheinbar zum Greifen nah, erblicken wir die **Lötschenlücke**, die wir uns über den **Grossen Aletschfirn** im Aufstieg erarbeiten müssen. Aber man täuscht sich leicht. Bis dorthin müssen noch rund sechs Kilometer zurückgelegt werden. Der Übergang will einfach nicht näher kommen.

Bei der **Lötschenlücke** künden weit unten die vier Dörfer **Blatten**, **Wiler**, **Kippel** und **Ferden** von Wärme und Leben und möglicherweise von einem kühlen Bier. Auf der gegenüberliegenden Seite erstreckt sich die abweisende, aber grandiose Welt der Viertausender. Nach dem Aufstieg nehmen wir das unbeschwerte Gleiten über die Firnhänge jetzt gern entgegen. Mit etwas Glück trifft man perfekten Sulz an, in den man in rasanter Fahrt einen Bogen nach dem anderen zieht. Nur allzu schnell erreicht man flachere Abschnitte. Später im Jahr muss man bisweilen die Skier eine kurze Strecke bis zum **Gletscherstafel** schultern. Dort wartet das Postauto und bei **Goppenstein** die Bahn, die uns wieder zurück ins **Berner Oberland** führt.

Das Ziel ständig vor Augen, will die Lötschenlücke beim Aufstieg über den Aletschfirn fast nicht näher kommen. Das Finsteraarhorn erhebt sich links hinter der Grünhornlücke.

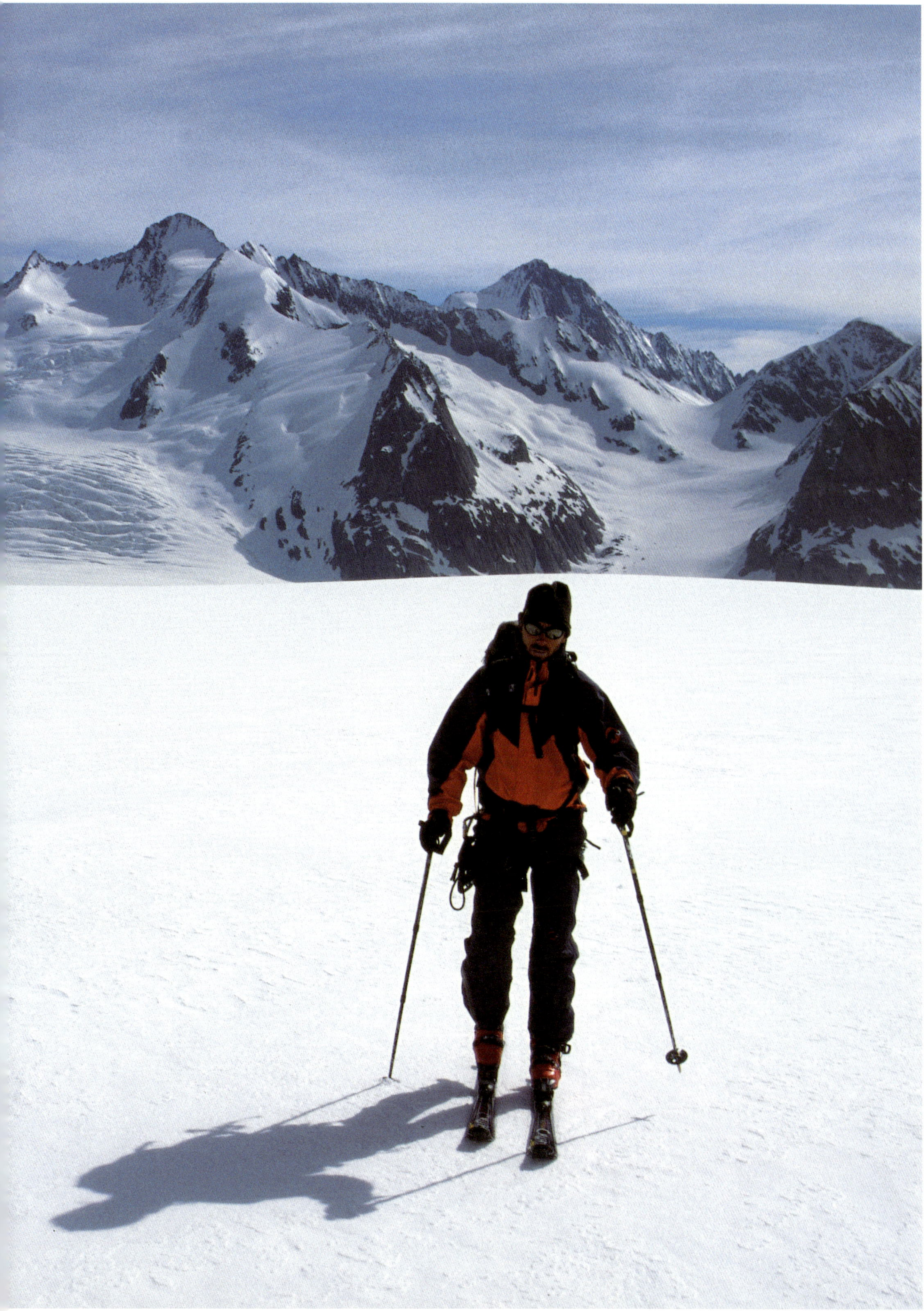

10. Gletschertrekking vom Jungfraujoch zur Grimsel (nur mit Bergführer/in)

Alle Bergführer/innen oder Bergsteigerschulen der Region bieten verschiedene Varianten des Gletschertrekkings an. Hier wird die viertägige Königstour vorgestellt.

Grindelwald – Jungfraujoch – Konkordiahütte – Grünhornlücke – Finsteraarhornhütte – Rotloch – Oberaarhütte – Oberaarsee – Grimsel

Ausgangspunkt Lauterbrunnen oder Grindelwald bzw. Jungfraujoch

Endpunkt Grimselpass

Länge Viertagestour, rund 36 km

Aufstieg 1050 m

Abstieg 2400 m

Wanderzeit rund 20 h oder 5 h pro Tag

Charakter Hochalpine, lange Wanderung ohne nennenswerte Schwierigkeiten. Hochgebirgserfahrung oder Bergführer/in zwingend. Hochgebirgsausrüstung wie Seil, Gurt und Steigeisen notwendig. Keine Wegmarkierungen.

Karten Bundesamt für Landestopographie 1:25 000 Blätter 1249 und 1250

0,0 km
8,0 km
14,0 km
21,0 km
36,0 km

Zeit und Musse sowie eine gute Kondition vorausgesetzt, gibt es keine Möglichkeit, das Welterbe intensiver kennen zu lernen, als mit einem Gletschertrekking vom Jungfraujoch zur Grimsel. Da man sich im Hochgebirge und über verschneite Gletscher bewegt, muss man einige Wegstücke angeseilt zurücklegen. Am besten, man schliesst sich einer geführten Gruppe an. Keinesfalls darf die Tour im Alleingang gemacht werden (Lebensgefahr durch Spaltensturz).

Mit gleissendem Sonnenlicht empfängt uns die Gletscherwelt auf dem **Jungfraujoch** auf 3500 m ü. M. In der dünnen Höhenluft geht der Atem schnell. Glücklicherweise führt der Weg auf dem **Jungfraufirn** nur abwärts, zuerst im Schnee und später auf blaugrau marmoriertem Gletschereis. Ein kleines, vom Fuss des **Trugberges** kommendes Gletscherbächlein windet sich wie eine überdimensionierte Schlange in seinem eisigen Bett. Mitten auf dem **Konkordiaplatz** verschwindet es gurgelnd in einem Schwundloch. Am Schluss der Tagesetappe gilt es, die unzähligen Treppenstufen zur **Konkordiahütte** zu überwinden (2850 m ü. M.). Hin und wieder weisen Schilder auf das Gletscherniveau vergangener Zeiten hin. Die Aussicht von der hohen Warte ist phänomenal.

Flankiert vom **Fiescher Gabelhorn** und **Grünegghorn**, marschieren wir am nächsten Tag den **Grüneggfirn** hoch bis zur **Grünhornlücke** (3300 m ü. M.). Bei der Lücke schweift der Blick ein letztes Mal über den weiten **Konkordiaplatz** und hinüber zur **Lötschenlücke**. In die andere Richtung geht es dann auf einem Zubringer des **Fieschergletschers** abwärts, wiederum vorbei an mächtigen Gletscherspalten. Bei der **Finsteraarhornhütte** sind wir am Ziel (3050 m ü. M.).

Dem NE-Rand des **Fieschergletschers** folgend, biegen wir am nächsten Tag am Fuss des **Finsteraarrothorns** in den **Studergletscher** ein (2750 m ü. M.). Allerdings müssen wir hier im Spaltengewirr zuerst einen guten Durchgang finden. Danach ist der Weg zum **Oberaarjoch** wieder einfach. Beim Zustieg zur Hütte wartet allerdings noch eine luftige und senkrechte Eisenleiter (3250 m ü. M.).

Nach gut 1000 Höhenmeter Abstieg über den **Oberaargletscher** erreichen wir am letzten Tag den **Oberaarsee**. Erstmals auf dieser Tour können wir ein Gletschertor bewundern, aus dem die Sonne skurrile Höhlungen herausgefressen hat. Am überwältigendsten nach den Tagen in Schnee und Eis erleben wir wahrscheinlich das sprühende Leben in den Wiesen um uns herum. Beim **Grimselpass** sind wir zurück in der Zivilisation und am Ende der fantastischen Reise durch das Welterbe (2170 m ü. M.)

Auf einem Gletschertrekking wird das Überqueren von Spalten zur Routineangelegenheit.

Seite 142/143
Neben dem Tourismus wird auf der Riederalp auch Landwirtschaft betrieben. Einkünfte beschert aber in erster Linie der Fremdenverkehr.

Seite 144/145
Aus dem Nebelmeer ragt die gewaltige Nordwand des Eigers in die Höhe.

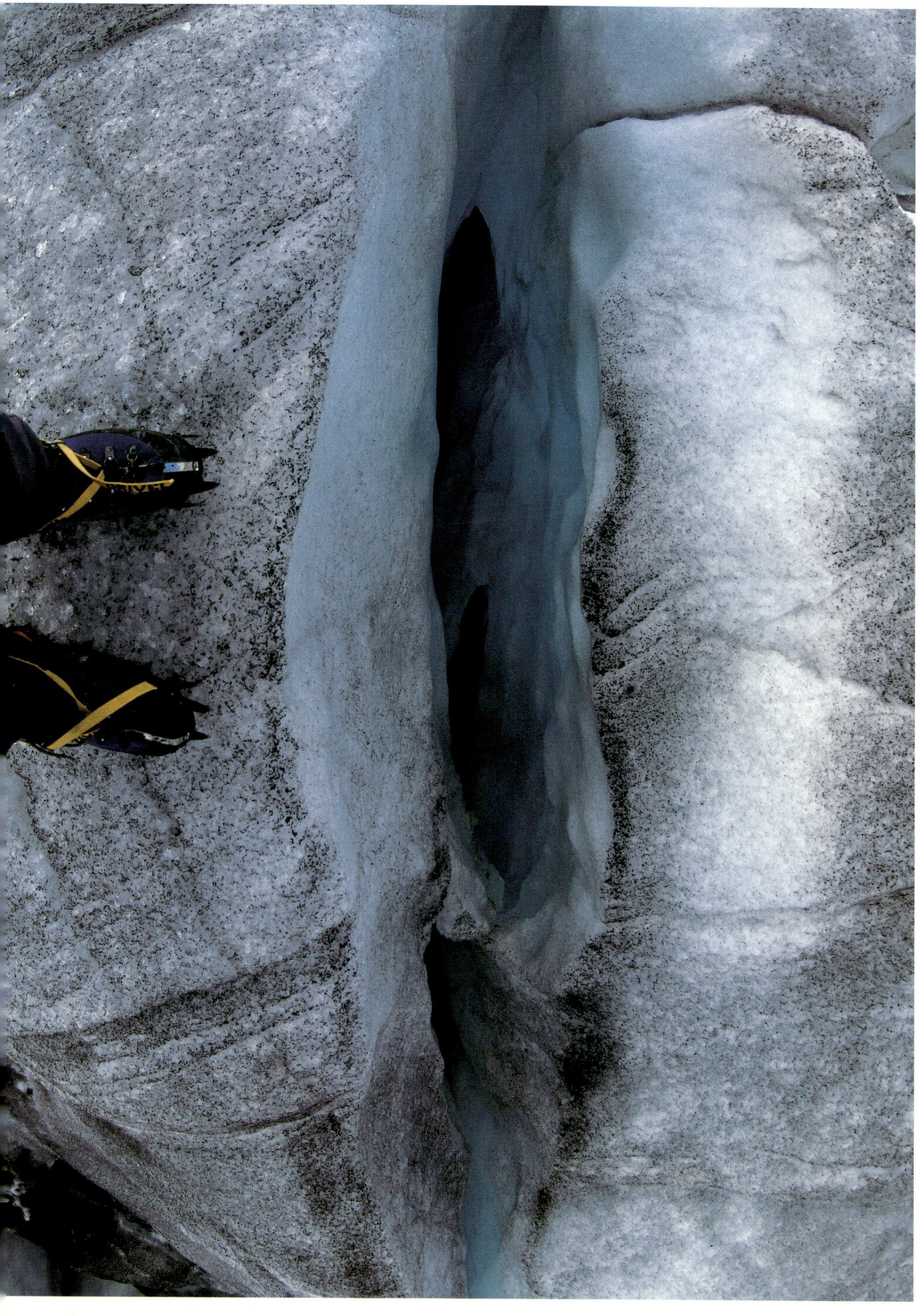

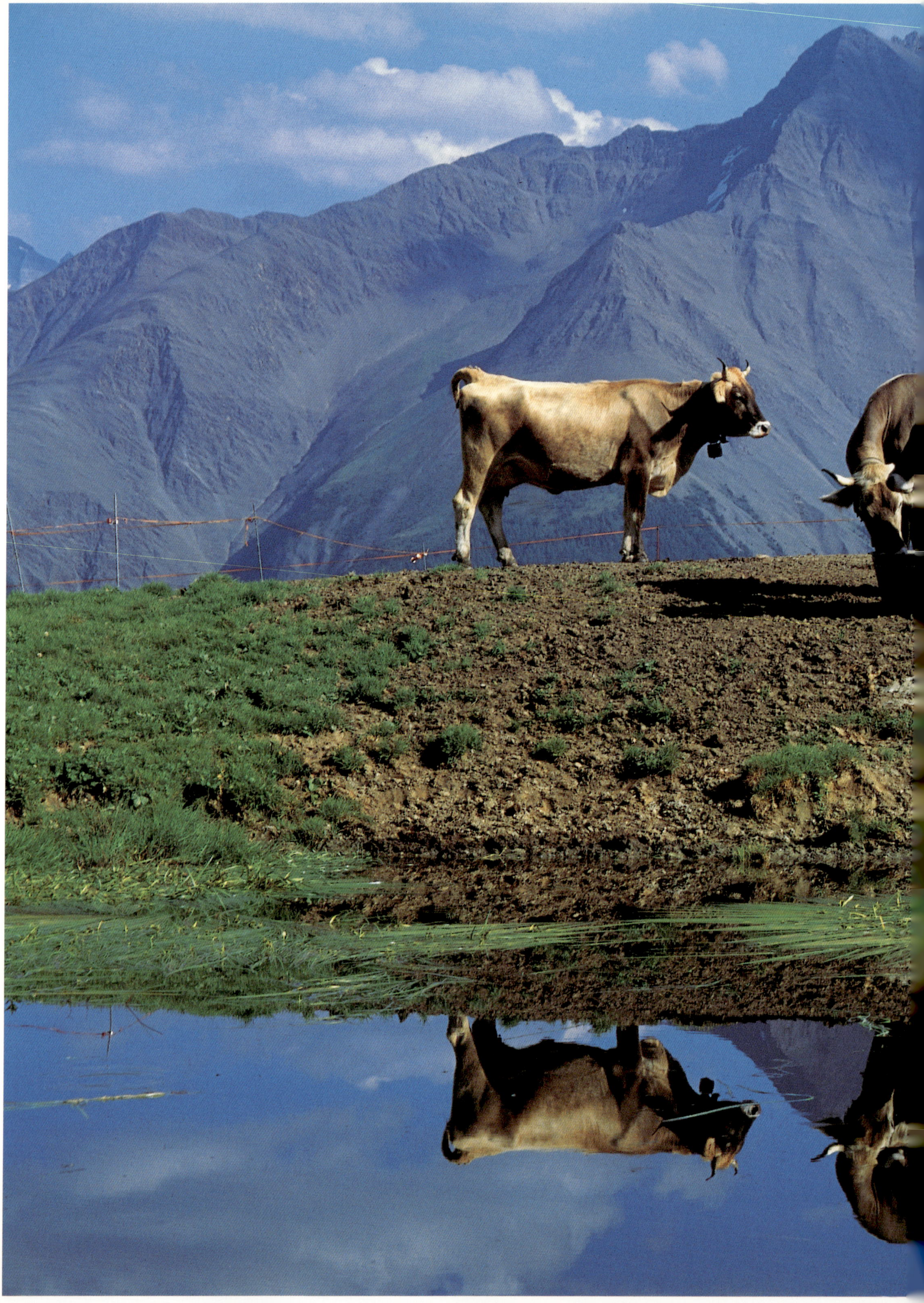

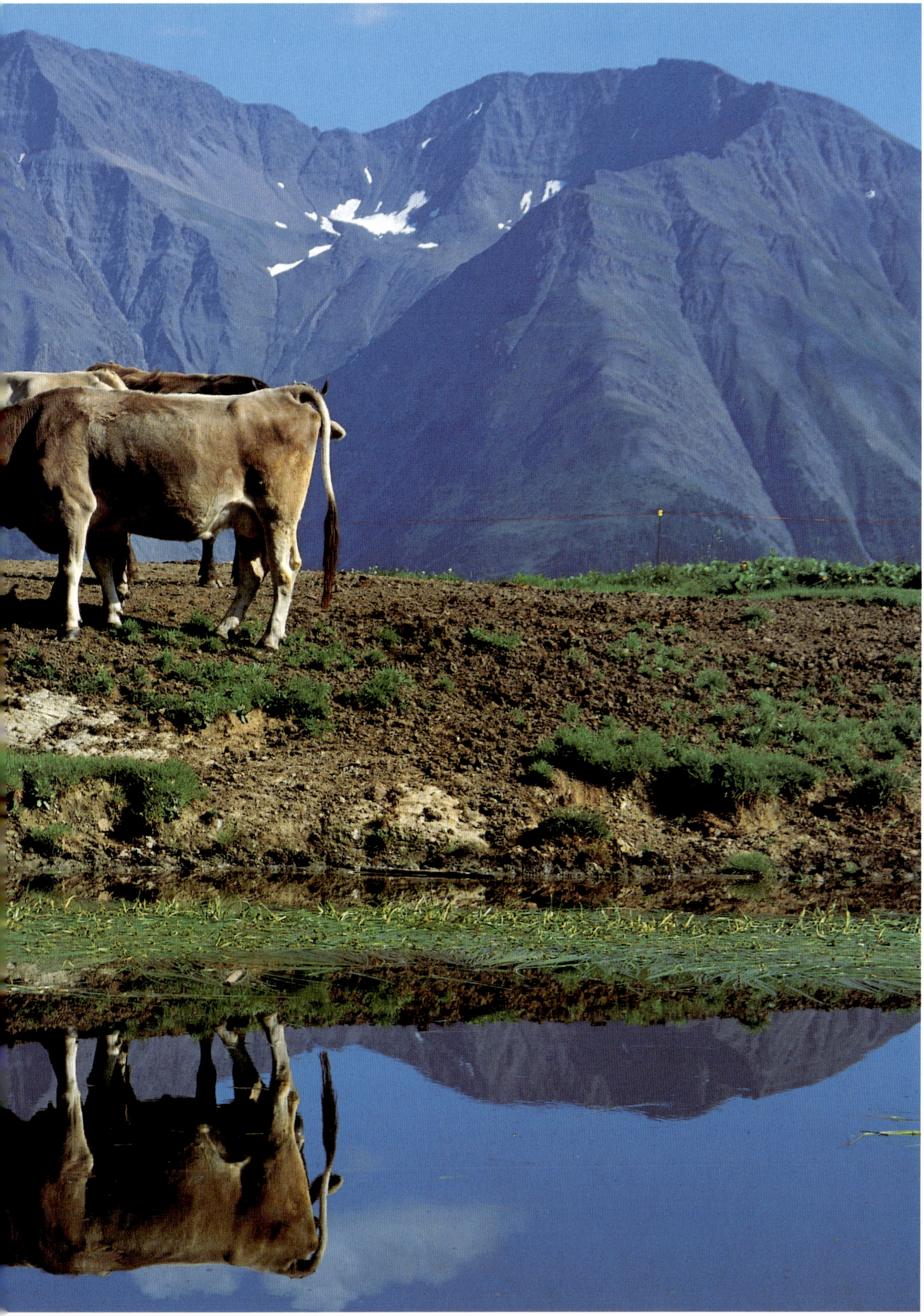

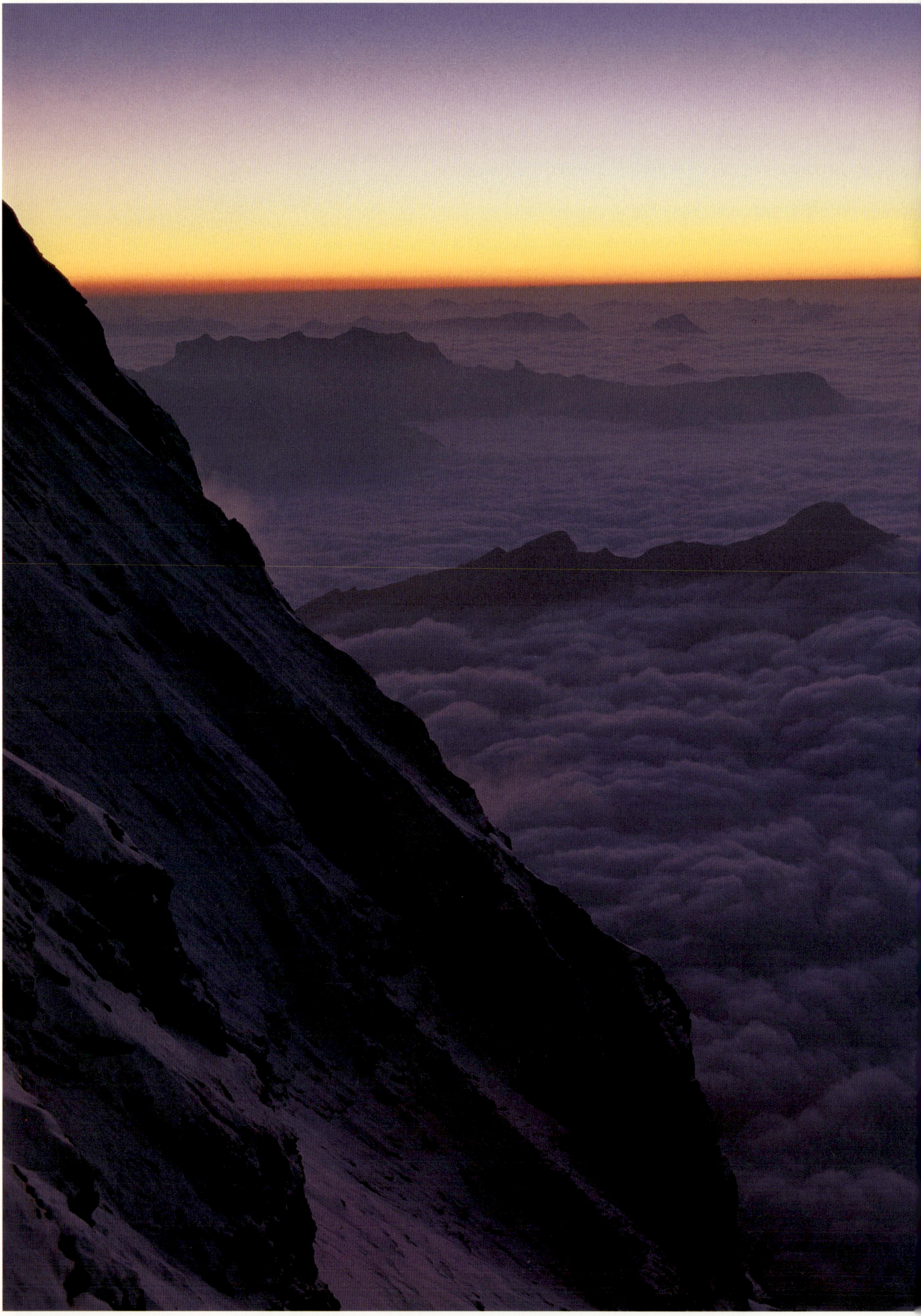

Wer alles dazugehört

Gemeinden aus dem Berner Oberland

Gemeinde Grindelwald
Gemeinde: www.grindelwald.com
admin@grindelwald.ch
Sandigenstutz, 3818 Grindelwald
Tel. 033 854 14 14
Tourismusbüro: www.grindelwald.com
touristcenter@grindelwald.ch
Grindelwald Tourismus,
3818 Grindelwald, Tel. 033 854 12 12
Fläche: 171,3 km^2
Einwohnerzahl: 4166
Höchster Punkt: 4107 m ü. M.
Tiefster Punkt: 720 m ü. M.

Sehenswürdigkeiten: Jungfraujoch-Top of Europe-Eiger, Wetterhorn, First, Bachalpsee, Männlichen, Kleine Scheidegg, Gletscherschlucht

Grindelwald ist voller Gegensätze – einerseits die lieblichen, saftig grünen und mit Blumen übersäten Bergwiesen, andererseits die beeindruckende Berg- und Gletscherwelt. Ein Weltnaturerbe der besonderen Art.

Gemeinde Guttannen
Gemeinde: www.guttannen.ch
Grimselstrasse, 3864 Guttannen
Tel. 033 973 13 33
Tourismusbüro: www.alpenregion.ch
Bahnhofstrasse 22, 3860 Meiringen
Tel. 033 972 50 50
Fläche: 200 km^2
Einwohnerzahl: 350
Höchster Punkt: 4274 m ü. M.
Tiefster Punkt: 780 m ü. M.

Sehenswürdigkeiten: Dorf Guttannen, Kristallmuseum, Kirche, historischer Saumweg, Kraftwerke, Gelmersee, Grimselpass

Das Bild von Guttannen wird durch eine grossartige Hochgebirgslandschaft, aber auch durch Kraftwerkbauten geprägt. Das eng zusammengebaute Dorf mit seinen Holzhäusern liegt eingebettet zwischen mächtigen Gebirgszügen und hat den bäuerlichen Charakter bis heute erhalten.

Gemeinde Innertkirchen
Gemeinde: www.innertkirchen.ch
Postfach 100, 3862 Innertkirchen
Tel. 033 972 12 20
Tourismusbüro: www.alpenregion.ch
Bahnhofstrasse 22, 3860 Meiringen
Tel. 033 972 50 50
Fläche: 121 km^2
Einwohnerzahl: 964
Höchster Punkt: 3704 m ü. M.
Tiefster Punkt: 619 m ü. M.

Sehenswürdigkeiten: Engstlenalp/-see, Urbachtal, Handweberei, Aareschlucht, Kraftwerke Oberhasli AG (KWO), Meiringen-Innertkirchen-Bahn (MIB).

Innertkirchen ist der Ausgangspunkt zu den Alpenpässen Susten und Grimsel. Die Gemeinde ist 35 km lang und an der schmalsten Stelle 500 m breit.

Gemeinde Kandersteg
Gemeinde: www.kandersteg.ch
Gemeindehaus, 3718 Kandersteg
Tel. 033 675 82 22
Tourismusbüro: www.kandersteg.ch
Kandersteg Tourismus, 3718 Kandersteg
Tel. 033 675 80 80
Fläche: 134,5 km^2
Einwohnerzahl: 1179
Höchster Punkt: 3698 m ü. M.
Tiefster Punkt: 1176 m ü. M.

Sehenswürdigkeiten: Oeschinensee, Sunnbüel-Gemmi, Gasteretal, Allmenalp, Ueschenalp

Der Ferienort ist im Sommer bekannt für vielfältige Wanderungen, Bergtouren inkl. Klettersteig. Vielfältiges Sportangebot im Winter: 65 km Langlaufloipen, Ski fahren, Winterwandern, Schlittelwege, Schneeschuhlaufen, Eisklettern, Curling und Eislauf.

Gemeinde Lauterbrunnen
Gemeinde: www.lauterbrunnen.ch
Haus Adler, 3822 Lauterbrunnen
Tel. 033 856 50 50
Tourismusbüro: www.lauterbrunnen.ch
Fläche: 164,5 km^2
Einwohnerzahl: 2984
Höchster Punkt: 4158 m ü. M.
Tiefster Punkt: 728 m ü. M.

Sehenswürdigkeiten: Jungfraujoch, Grosser Aletschgletscher, Schilthorn, Drehrestaurant (Piz Gloria), Trümmelbach- und Staubbachfall

Lauterbrunnen ist eine Talschaft mit den Dörfern Gimmelwald, Isenfluh, Lauterbrunnen, Mürren, Stechelberg und Wengen. Das hintere Lauterbrunnental mit den vergletscherten Hochalpengipfeln bezeugt die Einzigartigkeit und Schönheit.

Gemeinde Meiringen
Gemeinde: www.meiringen.ch
Rudenz 14, 3860 Meiringen
Tel. 033 972 45 45
Tourismusbüro: www.alpenregion.ch
Bahnhofstrasse 22, 3860 Meiringen
Tel. 033 972 50 50
Fläche: 40,17 km^2
Einwohnerzahl: 4800
Höchster Punkt: 3192 m ü. M.
Tiefster Punkt: 574 m ü. M.

Sehenswürdigkeiten: Säge Schwarzwaldalp, Sherlock-Holmes-Museum, St.-Michaels-Kirche, Burg Resti, Haslimuseum, Alpbachschlucht

Meiringen als Zentrum der Region Brienz-Meiringen-Hasliberg bietet viele attraktive sportliche und kulturelle Unterhaltungsmöglichkeiten. Die Gemeinde ist Ausgangspunkt zu den Skigebieten Hasliberg und Axalp, zu den Pässen Brünig, Grimsel, Susten und zum Brienzersee.

Gemeinde Reichenbach
Gemeinde: gemeinde@reichenbach.ch
Bahnhofstrasse, 3713 Reichenbach
Tel. 033 676 80 20
Tourismusbüro: ferien@reichenbach.ch
Kiental-Reichenbach Tourismus, p/A Sport & Fun Kandertal GmbH, Faltschenstrasse, 3713 Reichenbach, Tel. 033 676 35 36
Fläche: 127 km^2
Einwohnerzahl: 3400
Höchster Punkt: 3627 m ü. M.
Tiefster Punkt: 692 m ü. M.

Sehenswürdigkeiten: Alter Dorfkern von Reichenbach, Mineralien-Ausstellung, Spanschachtel-Museum, Gamchigletscher und Tschingelsee

Die Gemeinde ist sehr vielfältig. Zur politischen Gemeinde gehören die Bäuerten, Reichenbach, Faltschen, Scharnachtal, Kiental, Kien-Aris, Reudlen, Wengi, Schwandi. Nebst den 8 Bäuerten besteht auf jeder Bäuert noch eine bürgerliche Korporation.

Gemeinde Schattenhalb, Willigen
Gemeinde: info@schattenhalb.ch
Gemeindeverwaltung Schattenhalb, Willigen, 3860 Schattenhalb
Tel. 033 971 16 26, Fax 033 971 49 62
Tourismusbüro: info@alpenregion.ch
Bahnhofstrasse 22, 3860 Meiringen
Tel. 033 972 50 50
Fläche: 31,22 km^2
Einwohnerzahl: 625
Höchster Punkt: 3191,6 m ü. M.
Tiefster Punkt: 595 m ü. M.

Sehenswürdigkeiten: Aareschlucht, Reichenbachfälle, Gletscherschlucht Rosenlaui, Hochmoor Reichenbachtal, Kalksteinklettergebiet Engelhörner

Das bewohnte Gemeindegebiet umfasst die Orte Willigen, Geissholz, Lammi, Zwirgi, Schwendi, Lugen und Falchern. Durch die Schönheit der Natur und die Unberührtheit des Reichenbachtals ist die Gemeinde ein bevorzugtes Ausflugsziel für Naturfreunde und Bergsteiger.

Gemeinden aus dem Oberwallis

Gemeinde Ausserberg
Gemeinde: www.ausserberg.ch
gemeinde@ausserberg.ch
Gemeinde Ausserberg, 3938 Ausserberg
Tel. 027 948 07 80
Tourismusbüro: www.sonnige-halden.ch
info@sonnige-halden.ch, Verkehrsverein
Sonnige Halden am Lötschberg,
3939 Eggerberg, Tel. 027 946 25 91
Fläche: 14,89 km^2
Einwohnerzahl: 646
Höchster Punkt: 3001 m ü. M.
Tiefster Punkt: 642 m ü. M.

Sehenswürdigkeiten: Höhenweg BLS-Südrampe, Suonenwanderungen an den «Heiligen Wassern», alter Dorfkern, Kräutergarten, Baltschiederklause, Wiwannihütte/Klettersteig

Ausserberg nimmt den Hang zwischen dem Baltschieder- und dem Bietschtal ein und erstreckt sich von der Rhone bis zum Gipfel des Wiwannihorns. Alt und Neu in Harmonie bilden einen interessanten Kontrast für Gäste. Wasser war und ist ein zentrales Element in Ausserberg.

Gemeinde Baltschieder
Gemeinde: gemeinde@baltschieder.ch
Gemeindeverwaltung, 3937 Baltschieder
Tel. 027 946 38 06, Fax 027 946 86 06
Tourismusbüro: www.sonnige-halden.ch
info@sonnige-halden.ch
Verkehrsverein Sonnige Halden am Lötschberg, 3939 Eggerberg
Tel. 027 946 63 14, Fax 027 946 63 15
Fläche: 30,10 km^2
Einwohnerzahl: 1182
Höchster Punkt: 3934 m ü. M.
Tiefster Punkt: 638 m ü. M.

Sehenswürdigkeiten: St.-Sebastians-Kapelle (1766), historischer Dorfkern, Wasserleitungen im Baltschiedertal, Schutzkonzept Baltschiederbach (im Bau)

Wiederaufbau nach Unwetterkatastrophe im Oktober 2000 dank einer grosszügigen Solidarität aus der ganzen Schweiz. «Z wild Manji» wird als ältestes Theaterstück Europas alle 10 Jahre aufgeführt.

Gemeinde Bellwald
Gemeinde: gemeinde@bellwald.ch
Gemeindeverwaltung, 3997 Bellwald
Tel. 027 970 19 40
Tourismusbüro: info@bellwald.ch
Bellwald Tourismus, 3997 Bellwald
Tel. 027 971 16 84
Fläche: 15,84 km^2
Einwohnerzahl: 435
Höchster Punkt: 4274 m ü. M.
Tiefster Punkt: 1100 m ü. M.

Sehenswürdigkeiten: Alter Dorfkern, Natur- und Erholungspark, Aussicht, Risihorn mit Blick auf Finsteraarhorn und Fieschergletscher

Bellwald liegt auf einer Sonnenterrasse mit einmaligem Blick ins Tal und auf die Bergwelt. Der Ferienort ist durch seine unberührte Fauna und Flora geprägt.

Gemeinde Betten-Bettmeralp
Gemeinde: http://gemeinde.bettmeralp.ch
Sennhitta, 3992 Bettmeralp
Tourismusbüro: www.bettmeralp.ch
Bettmeralp Tourismus, 3992 Bettmeralp
Fläche: 26,37 km^2
Einwohnerzahl: 435
Höchster Punkt: 4195 m ü. M.
Tiefster Punkt: 1012 m ü. M.

Sehenswürdigkeiten: Kapelle Maria zum Schnee, Dorfteil Egga, Kulturlehrpfad, Bettmersee

Die Gemeinde besteht aus dem Hauptort Betten mit den Ortsteilen Dorf und Egga, 33 Sässen und dem Ferienort Bettmeralp. Auf kleinem Gebiet vereinen sich vielfältige Traditionen und Kulturgut mit modernem Sommer- und Wintertourismus.

Gemeinde Birgisch

Gemeinde: gemeinde.birgisch@bluewin.ch
Gemeindeverwaltung Birgisch,
3903 Birgisch, Tel. 027 924 31 76
Tourismusbüro:
gemeinde.birgisch@bluewin.ch
Tel. 027 924 31 76
Brig Belalp Tourismus, 3900 Brig
Tel. 027 921 60 30
Fläche: 18,36 km^2
Einwohnerzahl: 230
Höchster Punkt: 2569 m ü. M.
Tiefster Punkt: 877 m ü. M.

Sehenswürdigkeiten: Nesselalp, altes Backhaus, Suonen

Charakteristisch für Birgisch ist die Streubauweise. Das Dorf setzt sich aus einer Vielzahl von Weilern zusammen, die über das ganze Plateau verteilt sind. Die vielen Weiler bilden malerische Flecken mit einer wertvollen Bausubstanz.

Gemeinde Blatten/Lötschen

Gemeinde: gemeindeblatten@freesurf.ch
Munizipalgemeinde Blatten,
3919 Blatten/Lötschen
Tel. und Fax 027 939 12 05
Tourismusbüro: info@loetschental.ch
Lötschental Tourismus, 3918 Wiler
Tel. 027 938 88 88
Fläche: 90,63 km^2
Einwohnerzahl: 315
Höchster Punkt: 3934 m ü. M.
Tiefster Punkt: 1440 m ü. M

Sehenswürdigkeiten: Kühmad mit Wallfahrtskapelle, intakte Dorfkerne (Blatten und 3 Weiler), Dorfbackofen, Säge, Mühle, Walche, Auengebiete von nationaler Bedeutung

Alte Bausubstanz und traditionelle Kulturen werden erhalten und gefördert. Bestrebungen, Bevölkerungszahl konstant zu halten. Einheimische leben Kultur in verschiedenen Variationen, wie den Aufzug der Herrgottsgrenadiere, die Tschäggättä, Gesang und Musik usw. Aktives Vereinsleben.

Gemeinde Eggerberg

Gemeinde: info@eggerberg.ch
Gemeindebüro, 3939 Eggerberg
Tel. 027 946 43 70
Tourismusbüro: info@sonnige-halden.ch
Sonnige Halden Tourismus,
3939 Eggerberg
Tel. 027 946 63 14, Fax 027 946 63 15
Fläche: 2,83 km^2
Einwohnerzahl: 363
Höchster Punkt: 1950 m ü. M.
Tiefster Punkt: 660 m ü. M.

Sehenswürdigkeiten: Wasserfuhre «Gorperi» mit ursprünglichen Holzkännel «Meerheji», Bachblütenpfad mit Kräuterweg, Weinbaumuseum «Triel».

Eggerberg ist ein sympathisches Dorf an den sonnigen Halden der BLS-Südrampe mit lebendiger Tradition, attraktiver Wohnlage mit herrlicher Aussicht ins Rhonetal und auf die Walliser Bergwelt. Das Dorf ist mit dem Auto in zirka 5 Minuten von Visp und mit der BLS erreichbar.

Gemeinde Ferden

Gemeinde: gemeinde.ferden@rhone.ch
Gemeindeverwaltung Ferden, 3916 Ferden
Tourismusbüro: info@loetschental.ch
Lötschental Tourismus, Postfach,
3918 Wiler
Fläche: 27,89 km^2
Einwohnerzahl: 300
Höchster Punkt: 3278 m ü. M.
Tiefster Punkt: 1191 m ü. M.

Sehenswürdigkeiten: Dorfplatz mit Barbara-Kapelle, 800 Jahre Baukultur, Bleimine in Goppenstein

Seltene Konzentration spätma. Bauten: Drei dendrodatierte Wirtschaftsbauten (Stadel, Stallscheunen 1299–1303) und ein Dutzend Wohnhäuser (15./16. Jh.). Am Dorfplatz stehen die alte Barbarakapelle von 1685 und repräsentative Holzhäuser des 17. und 18. Jh.

Gemeinde Fieschertal
Gemeinde: gem-fieschertal@freesurf.ch
Gemeindeverwaltung, 3984 Fieschertal
Tel. 027 971 19 45
Tourismusbüro: Eggishorn Tourismus
Fläche: 172,95 km²
Einwohnerzahl: 300
Höchster Punkt: 4274 m ü. M.
Tiefster Punkt: 980 m ü. M.

Sehenswürdigkeiten: Alte Dorfteile, Kapellen, Aletschgletscher, Fieschergletscher, Eggishorn, Märjelensee

Fieschertal ist aufgeteilt in verschiedene Weiler. Ausgangspunkt für verschiedene Bergtouren und Wanderungen. Klettergarten beim Fieschergletscher.

Gemeinde Hohtenn
Gemeinde: gemeinde.hohtenn@bluewin.ch
Gemeindekanzlei, 3949 Hohtenn
Tel. 027 932 13 82, Fax 027 932 40 81
Tourismusbüro: Gemeindekanzlei,
3949 Hohtenn, Tel. 027 932 13 82
Fläche: 7,07 km²
Einwohnerzahl: 210
Höchster Punkt: 2700 m ü. M.
Tiefster Punkt: 630 m ü. M.

Sehenswürdigkeiten: Kirche (erbaut 1963), Burgerhaus aus dem Jahre 1707, Wanderwege an der Lötschberg-Südrampe, Ladenalp

Von Hohtenn aus hat man ein Panorama der ersten Güteklasse. Auf 820 m ü. M. überblickt man das Rhonetal von Visp bis in den Pfynwald. Am Höhenweg der BLS-Südrampe faszinieren die vielen Viadukte über die tief eingeschnittenen Täler.

Gemeinde Kippel
Gemeinde: www.kippel.ch
3917 Kippel
Tel. 027 939 14 16
Tourismusbüro: www.loetschental.ch
Fläche: 11,66 km²
Einwohnerzahl: 400

Sehenswürdigkeiten: Lötschentaler Museum, Kirche St. Martin inkl. Kirchenschatz, alter Dorfkern, Bietschhorn, Lötschentaler Tschäggättä

Kippel gilt als Hauptort des Lötschentals und liegt als zweites Dorf nach Goppenstein zwischen Ferden und Wiler. Es ist bekannt für seinen alten Dorfkern und die reichhaltige Kulturlandschaft.

Gemeinde Mund
Gemeinde: Postfach 15, 3903 Mund
Tel. 027 923 65 27, Fax 027 923 83 13
Tourismusbüro: www.sonnige-halden.ch
info@sonnige-halden.ch, Verkehrsverein
Sonnige Halden am Lötschberg, 3939 Eggerberg, Tel. 027 946 63 14, Fax 027 946 63 15
Fläche: ca. 60 km²
Einwohnerzahl: 561
Höchster Punkt: 3824 m ü. M.
Tiefster Punkt: 666 m ü. M.

Sehenswürdigkeiten: Munder Safran, Suonen, Zehntenstadel, Grottenkapelle Gstein, Weiler Bodma, Voralpengebiet, Mundstein, Steinspeicher

Das Safrandorf Mund liegt in bevorzugter, sonniger Lage auf 1200 Meter über Meer. Nur gerade 15 Fahrminuten von der Agglomeration Brig-Glis/Naters entfernt, ist Mund ein idealer Ausgangspunkt für Wanderungen, Biketouren und vieles mehr.

Gemeinde Naters
Gemeinde: www.naters.ch
Junkerhof, 3904 Naters
Tel. 027 922 75 75
Tourismusbüro: www.belalp.ch
Tourismusbüro, 3914 Blatten-Naters
Tel. 027 921 60 40
Fläche: 101,26 km²
Einwohnerzahl: 8000
Höchster Punkt: 4195 m ü. M.
Tiefster Punkt: 673 m ü. M.

Sehenswürdigkeiten: Blatten-Belalp, Grosser Aletschgletscher, Siedlungslandschaft (33 Weiler), alter Dorfkern Naters und Blatten, Massaschlucht

Fruchtbare Talebene vereint sich mit Bergketten und Gletschern. Ausgeprägte Kulturlandschaft in verschiedenen Vegetationsstufen wechselt sich terrassenförmig in hochalpine Landschaft. 33 Weiler auf den Anhöhen bezeugen den aussergewöhnlichen Wert eines herausragenden Natur- und Kulturgutes.

Gemeinde Niedergesteln

3942 Niedergesteln
www.niedergesteln.ch
info@niedergesteln.ch
Tel. 027 934 19 12, Fax 027 934 29 06

Fläche: 17,54 km²
Einwohnerzahl: 650
Höchster Punkt: 3307 m ü. M.
Tiefster Punkt: 639 m ü. M.

Sehenswürdigkeiten: Burgschaft, Eiszeithöhle, historischer Dorfteil, Jolischlucht, Hängebrücke, Wasserleiten, Baggilla, Jolital

Zwischen dem 12. und 14. Jh. hatte die mächtige Familie der Von Turn ihren Sitz auf der Gestelnburg. In den engen Gässchen der Burgschaft spürt man noch heute den Hauch der früheren Zeiten. Umgeben wird das Dorf von einer intakten und spannenden Natur. Suonen und Bergwege laden zum Erwandern des Südhanges und des Jolitales ein.

Gemeinde Raron

Gemeinde: gemeinde@raron.ch
Postfach 36
Tel. 027 935 86 60
Tourismusbüro:
info@raron-niedergesteln.ch
Bahnhofstrasse 16, Tel. 027 934 31 00

Fläche: 30,36 km²
Einwohnerzahl: 1918
Höchster Punkt: 3934 m ü. M.
Tiefster Punkt: 638 m ü. M.

Sehenswürdigkeiten: Burgkirche, Felsenkirche, wildromantisches Bietschtal am Fusse des Bietschhorns

Das Dorf Raron mit seiner geschichtsträchtigen Vergangenheit und die östlich daran liegende Dorfschaft St. German mit ausgesprochen mildem Klima bilden zusammen die Gemeinde Raron, die heute das Ziel einer überdurchschnittlichen Wohnqualität verfolgt.

Gemeinde Riederalp

Gemeinde: www.gemeinde-riederalp.ch
info@gemeinde-riederalp.ch
Gemeinde Riederalp, 3986 Ried-Mörel
Tel. 027 927 14 07, Tourismusbüro:
www.riederalp.ch, info@riederalp.ch,
Riederalp-Mörel Tourismus, 3987 Riederalp,
Tel. 027 928 60 50

Fläche: 20,9 km²
Einwohnerzahl: 535
Höchster Punkt: 2333 m ü. M.
Tiefster Punkt: 718 m ü. M.

Sehenswürdigkeiten: Das Naturschutzgebiet Aletsch mit den knorrigen Arvenbäumen des Aletschwaldes und dem grössten Gletscher der Alpen, dem Aletschgletscher. Das Pro Natura Zentrum Aletsch in der historischen Villa Cassel auf der Riederfurka.

Die junge, fusionierte Gemeinde Riederalp beheimatet die drei urigen Walliser Dörfer Greich, Goppisberg und Ried-Mörel. Das Tourismusplateau Riederalp ist Ausgangspunkt ins Aletsch.

Gemeinde Steg

Gemeinde: www.gemeinde-steg.ch
info@gemeinde-steg.ch
Kirchstrasse 37, 3940 Steg
Tel. 027 933 12 70

Fläche: 7,20 km²
Einwohnerzahl: 1430
Höchster Punkt: 2785 m ü. M.
Tiefster Punkt: 630 m ü. M.

Sehenswürdigkeiten: Alter Dorfkern, Kirche aus dem Jahre 1913, Weilerzone Mittal

Steg hat sich im Laufe der letzten 40 Jahre vom kleinen Bauerndorf zur zweitgrössten Industriegemeinde im Oberwallis entwickelt.

Gemeinde Wiler

Gemeinde: www.wilervs.ch
Tel. 027 939 12 70
Tourismusbüro: www.loetschental.ch
Tel. 027 938 88 88

Fläche: 14,68 km²
Einwohnerzahl: 533
Höchster Punkt: 3307 m ü. M.
Tiefster Punkt: 1431 m ü. M.

Sehenswürdigkeiten: Gletscherbahn Hockenhorn (3111 m ü. M.), Skigebiet Lauchernalp, grosser Fasnachtsumzug mit Tschäggättä

Wiler ist das touristische Zentrum des Lötschentals mit dem Skigebiet Lauchernalp. Brauchtum und Tourismus sind verbunden in einem einmaligen Naturerlebnis.

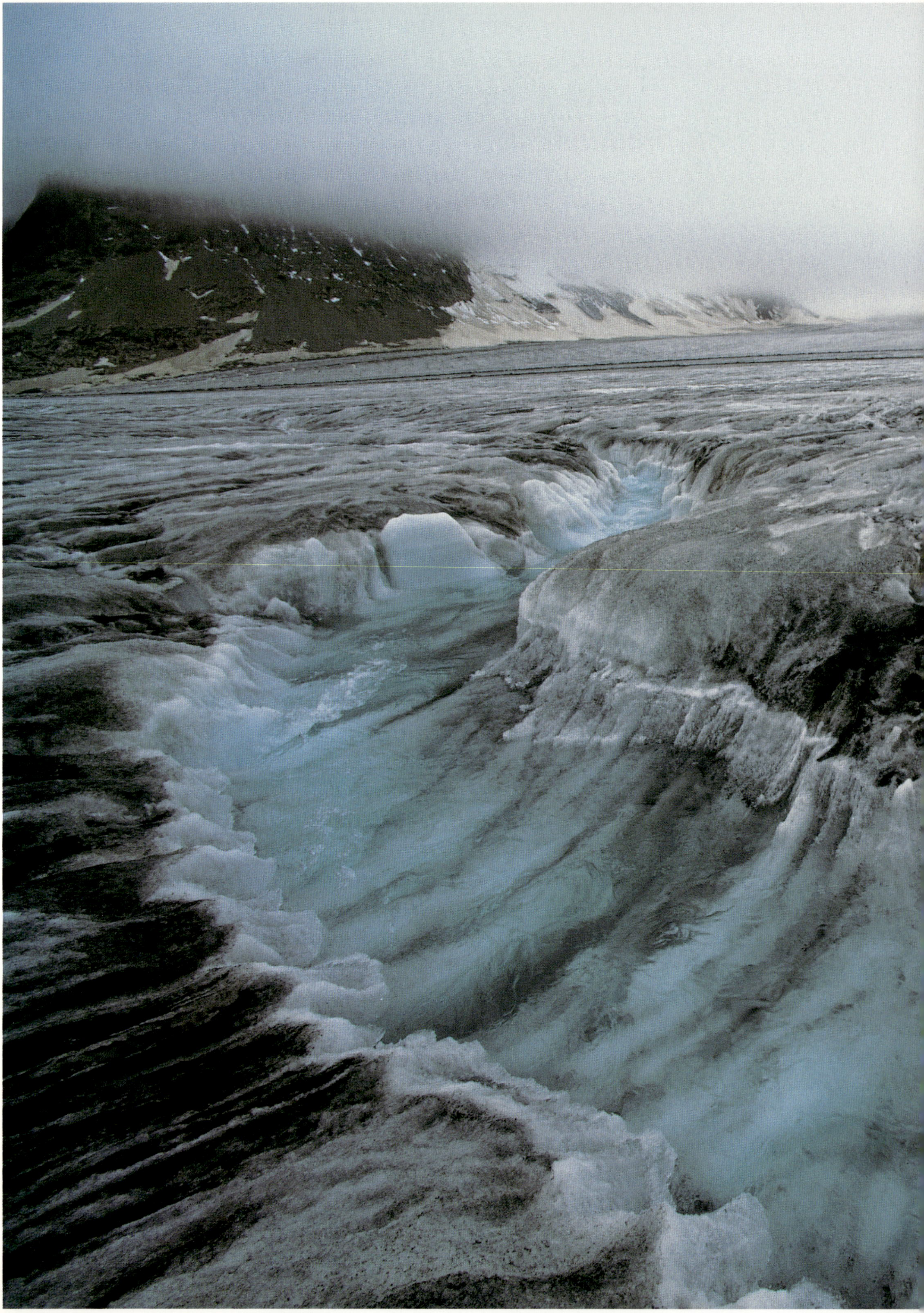

Kurz und bündig

UNESCO-Welterbe-Programm

«Da Kriege im Denken des Menschen entstehen, muss auch der Friede im Geiste des Menschen befestigt werden.» Dies ist die Leitidee der UNESCO, die am 16. November 1945 – als eine der Lehren aus dem Zweiten Weltkrieg – von 37 Staaten in London gegründet wurde.

UNESCO steht für United Nations Educational, Scientific and Cultural Organization. Sie ist damit als Unterorganisation der UNO für Bildung, Wissenschaft, Kultur und Kommunikation zuständig. 1972 verabschiedete die Generalversammlung der UNESCO die «Konvention zum Schutz des Kultur- und Naturerbes der Welt» (UNESCO, 1972). Sie sollen dazu beitragen, bedeutende Kultur- und Naturobjekte von universellem Wert zu schützen. Zum Weltkulturerbe gehören bedeutende Bauwerke, Städte, Ensembles, archäologische Fundstätten oder auch Kulturlandschaften, das Weltnaturerbe umfasst geologische Formationen, Naturlandschaften und Schutzgebiete für bedrohte Arten.

Welterbe-Konvention

Beim Bau des Assuan-Staudammes in Ägypten wären nach den ersten Plänen die Tempel von Abu Simpel und Philae für immer in den Fluten des Nils versunken. Eine internationale Aktion bewahrte die Kulturgüter vor dem unwiederbringlichen Untergang. Dank finanzieller Hilfe aus dem Ausland wurden die Tempel abgebaut und an einem sicheren Ort wieder aufgebaut. Aus dieser Rettungsaktion entstand im Jahre 1972 die UNESCO-Konvention zum Schutz des Kultur- und Naturerbes der Welt.

Ein Instrument der Welterbe-Konvention ist die Liste des Erbes der Welt. In ihr sind die Objekte aufgelistet, denen im Sinne der Konvention aussergewöhnlicher universeller Wert zukommt. Im Jahre 2005 (Stand Juli) sind dies bereits 812 Objekte, davon gehören 628 zum Weltkulturerbe, 160 zum Weltnaturerbe und 24 sind gemischte Welterbe. In der Schweiz sind allein vier Objekte als Kulturerbe registriert, nämlich die Altstadt von Bern, der Klosterbezirk von St. Gallen, das Benediktinerkloster St. Johann im Münstertal und die Tre Castelli in Bellinzona. Seit dem 13. Dezember 2001 ist das Gebiet Jungfrau-Aletsch-Bietschhorn als Erstes im ganzen Alpenraum als Weltnaturerbe registriert und im Jahre 2003 wurde auch der Monte San Giorgio auf die Liste der zur Schweiz gehörenden Weltnaturerbe genommen. Zu den bekanntesten Weltnaturerbe-Gebieten gehören die Galapagosinseln, der Yellowstone-Nationalpark und der Serengeti-Nationalpark. Ihnen allen gemeinsam ist, dass sie einzigartige Formationen und Gebiete darstellen, die wegen ihrer ästhetischen Schönheit und als Lebensräume seltener Tier- und Pflanzenarten universelle Bedeutung besitzen. Unter diese reiht sich nun auch das Jungfrau-Aletsch-Bietschhorn-Gebiet ein.

Seitens der UNESCO ist vorgesehen, dass jedes Land, das die UNESCO-Konvention ratifiziert, eine staatliche Kommission einsetzt. Die Schweizerische UNESCO-Kommission untersteht dem Eidgenössischen Departement des Äusseren (EDA) und ist das Konsultationsorgan der Bundesbehörden für alle Beziehungen der Schweiz zur UNESCO.

Welterbe-Logo

Das Logo des Welterbes stellt die Wechselbeziehungen zwischen den Kultur- und Naturgütern dar. Das Viereck in der Mitte symbolisiert die von Menschen geschaffene Form. Der Kreis stellt die Natur dar. Beide Formen bilden eine Einheit, welche gleichzeitig die Erde und ein Symbol des Schutzes vereinigt.

Charta vom Konkordiaplatz

Im Sinne der UNESCO-Welterbe-Konvention haben die Gemeinden der Welterbe-Region die Charta vom Konkordiaplatz unterzeichnet. Ziel der Charta ist es, die Landschaft rund um die Jungfrau, den Aletschgletscher und das Bietschhorn den künftigen Generationen in ihrer ästhetischen Schönheit zu bewahren. Die Gemeinden der Welterbe-Region verpflichten sich darin, zu einer nachhaltigen Entwicklung der Region über das eigentliche Welterbe-Gebiet hinaus. Die Umwelt, die Gesellschaft und die Wirtschaft sind dabei gleichberechtigte Entwicklungsfelder. Ähnlich dem Aletschfirn, dem Jungfraufirn und dem Ewigschneefeld, welche sich auf dem Konkordiaplatz zum mächtigsten Eisstrom der Alpen vereinen, sollen die verschiedenen Ideen innerhalb der Regionen und Gemeinden zu einer gemeinsamen Entwicklungsphilosophie zusammenfliessen. Der Konkordiaplatz symbolisiert gewissermassen die Vereinigung der verschiedenen Kräfte über die Kantons- und Gemeindegrenzen hinaus zu einem gemeinsamen Kredo. Die Charta ist das regionale Gewissen für die Trägerschaft und das Managementzentrum des UNESCO-Welterbes Jungfrau-Aletsch-Bietschhorn. Auf der Basis dieser Charta wurde in einem breit angelegten partizipativen Prozess ein Managementplan erarbeitet, der einen Rahmen für den effizienten Schutz sowie die angepasste Nutzung der Jungfrau-Aletsch-Bietschhorn-Region schafft. Er bezweckt die Förderung einer nachhaltigen Entwicklung in den Dimensionen Umwelt, Gesellschaft und Wirtschaft. Die Wechselbeziehung Welterbe-Gebiet und Welterbe-Region gilt dabei als besondere und zentrale Herausforderung.

Spektakuläre Gebirgslandschaft

Das Welterbe-Gebiet Jungfrau-Aletsch-Bietschhorn erfüllte aufgrund der folgenden Kriterien die Aufnahme in die Liste der Welterbe:

- Die Jungfrau-Aletsch-Bietschhorn-Region ist ein eindrückliches Beispiel der alpinen Gebirgsbildung und der damit verbundenen vielfältigen geologischen und geomorphologischen Formen. Das am meisten vergletscherte Gebiet der Alpen enthält mit dem Aletschgletscher den grössten Gletscher im westlichen Eurasien. Dies ist von signifikant wissenschaftlichem Interesse im Zusammenhang mit der eiszeitlichen Geschichte und der laufenden Prozesse, vor allem in Bezug auf den Klimawandel.
- Die Jungfrau-Aletsch-Bietschhorn-Region bietet ein weites Spektrum an alpinen und subalpinen Habitaten. Es sind grossartige Beispiele ökologischer Sukzessionen vorhanden, einschliesslich der charakteristischen oberen und unteren Baumgrenze des Aletschwaldes. Das globale Phänomen des Klimawandels ist in dieser Region besonders gut beobachtbar an den unterschiedlichen Rückzugsgeschwindigkeiten der verschiedenen Gletscher, was wiederum neuen Raum für die Entwicklung vielfältiger Ökosysteme schafft.
- Die eindrückliche Landschaft der Jungfrau-Aletsch-Bietschhorn-Region spielte eine wichtige Rolle in der europäischen Literatur, Kunst, dem Bergsteigen und dem alpinen Tourismus. Die Schönheit des Gebiets zieht internationale Kundschaft an und ist global als eine der spektakulärsten Bergregionen anerkannt.

Eckdaten zum Welterbe Jungfrau-Aletsch-Bietschhorn

1970	Erste Ideen und Diskussionen für ein Welterbe
1983	Aufnahme der Berner Hochalpen und des Gebietes Aletsch-Bietschhorn in das Bundesinventar der Landschaften und Naturdenkmäler von nationaler Bedeutung (BLN)
2000	Hinterlegung des Kandidaturdossiers durch den Bundesrat bei der UNESCO
2001	Gründung einer Interessengemeinschaft in den Kantonen Wallis und Bern
	Evaluation des Gebietes durch die IUCN
	Entwicklung der Charta vom Konkordiaplatz und des Leitbildes
	Erarbeitung eines Pflichtenhefts für den Managementplan
	Aufnahme in die Liste der Welterbe durch das Welterbe-Komitee
2002	Gründung der Trägerschaft (Gemeinden, Kantone und Bund)
2003	Eröffnung des Managementzentrums Jungfrau-Aletsch-Bietschhorn
2005	Einreichung des Managementplans beim Bund

Quellen

Elektronische Medien

de.wikipedia.org/wiki/Hauptseite
gutenberg.spiegel.de
switzerland.isyours.com
whc.unesco.org

www.bergnews.com
www.birdlife.ch
www.dhs.ch
www.emmet.de
www.erstersteiger.de
www.hamburger-bildungsserver.de
www.iep.utm.edu
www.ifjungo.ch
www.klassphil.uni-muenchen.de
www.klimaforschung.ch
www.lartpourlaar.ch
www.mauritia.de
www.ni.schule.de
www.portal-stat.admin.ch
www.pyrenees-passion.info
www.romankoch.ch
www.swisstourfed.ch
www.top-of-uri.ch
www.umwelt-schweiz.ch/buwal
www.uni-essen.de/literaturwissenschaft-aktiv
www.weltnaturerbe.ch
www.xlibris.de

Printmedien

Albrecht Laudo, 1997: Die Reichtümer der Natur im Wallis. Aletsch, eine Landschaft erzählt. Rotten Verlag, Visp.

Anker Daniel, 2000: Eiger, die vertikale Arena. AS, Zürich.

Bundesamt für Landestopographie. Landeskarten der Schweiz, Blätter 1210, 1229, 1230, 1248, 1249, 1250, 1268, 1288, 1289, 2516, 2520.

Burckhardt Dieter, 2003: Die schönsten Naturschutzgebiete der Schweiz. Avanti, Neuenburg.

Debrunner et al., 1981: 50 Jahre Hochalpine Forschungsstation Jungfraujoch. Kantonalbank von Bern.

Geo kompakt, 2004: Nr. 1, Die Geburt der Erde. Gruner und Jahr, Hamburg.

Gol et al., 1991: Geschützte Landschaften der Schweiz. Das Beste aus Reader's Digest, Zürich, Stuttgart, Wien.

Graf Roman und Kestenholz Matthias, 2002: Vögel in den Alpen. Schweizerische Vogelwarte, Sempach.

Halder Ulrich und Albrecht Laudo, 2000: Die Villa Cassel im Spiegel der Zeit. BON, Naters.

Harrer Heinrich, 1958: Die weisse Spinne. Ullstein, Wien, Berlin, Frankfurt.

Hausser et al., 1995: Säugetiere der Schweiz. Birkhäuser, Basel, Boston, Berlin.

Hausmann Karl, 1997: Clubführer Berner Alpen 4, Tschingelhorn bis Finsteraarhorn. SAC, Bern.

Hess Hans et al., 1980: Flora der Schweiz und angrenzender Gebiete. Birkhäuser, Basel, Boston, Berlin.

Inäbnit Florian, 2003: Jungfraubahn. Prellbock, Leissigen.

Jungfraubahnen, 2005: Jungfrau Magazin 06. Jungfraubahnen.

Jungfraubahnen et al., 1996: Geschichte und Technik – Wissenschaft und Forschung auf dem Jungfraujoch – Top of Europe. Jungfraubahnen.

Labhart Toni, 1992: Geologie der Schweiz. Ott, Thun.

Landolt Elias, 1984: Unsere Alpenflora. SAC, Bern.

Mair Volkmar et al., 2002: Leben an der Grenze. Nationalpark Stilfser Joch, Stilfs.

Marthaler Michel, 2001: Das Matterhorn aus Afrika. Ott, Thun.

Maselli Daniel, 1990: Die Reichtümer der Natur im Wallis. Die Lötschberg-Südrampe. Rotten Verlag, Visp.

Mattes Hermann et al., 2005: Die Vogelwelt im Oberengadin, Bergell und Puschlav. Schweizerische Vogelwarte, Sempach.

Meier Sabine, 2005: Naturschutzgebiet Hinteres Lauterbrunnental. Pro Natura Bern (nicht veröffentlicht).

Moser Beat und Jossi Urs, 2002: Jungfraubahnen. Eisenbahn Journal, Spezialausgabe. Merker, Fürstenfeldbruck.

Moser Patrick, 1997: So wird die Jungfrau zur Demoiselle gemacht. Chronos, Zürich.

Oppenheim Roy, 1974: Die Entdeckung der Alpen. Huber, Frauenfeld und Stuttgart.

Ornis, 2001: Überleben im Hochgebirge: Die Tricks unserer Alpenvögel. Nr. 6. Schweizerischer Vogelschutz.

Peterson R. et al., 1985: Die Vögel Europas. Paul Parey, Hamburg und Berlin.

Schmid et al., 1998: Schweizer Brutvogelatlas. Schweizerische Vogelwarte, Sempach.

Schweizerische Verkehrszentrale, 1979: Die Schweiz und ihre Gletscher. Kümmerly und Frey, Bern.

Staffelbach Heinz, 2002: Die schönsten Wälder der Schweiz. Werd, Zürich.

Wiesman Urs et al., 2005: Managementplan für das Welterbe Jungfrau-Aletsch-Bietschhorn (JAB). Trägerschaft UNESCO-Welterbe, Interlaken, Naters.

Nachwort und Dank

Mein erster und herzlichster Dank geht an Philipp Mengis vom Rotten Verlag, der dieses Buch überhaupt möglich gemacht hat. In schwierigster Zeit hat er sich der Buchidee angenommen und mit viel Geschick, Ausdauer und seiner ganzen Erfahrung die unverzichtbaren Partner an Bord geholt. Philipp, deine Begeisterung wirkt ansteckend, vielen Dank! Danken möchte ich auch dem Verein Welterbe, namentlich Beat Ruppen vom Management-Zentrum, der die Buchidee zu seiner eigenen Sache gemacht hat. Als Herausgeber oblag ihm die Suche nach Sponsoren, ohne die das Buch nicht hätte zustande kommen können.

Ein grosses Dankeschön geht an die Personen, die meine Texte als Erste kritisch durchgesehen haben. Von ihnen erhielt ich manche Anregung und viele wichtige Änderungsvorschläge. Das sind meine Eltern Irma und Lorenz Fischer sowie meine Lebenspartnerin Judith Burri. Vielen Dank für die Korrekturen und die Geduld, wenn ich im ersten Moment über die Kritik nicht immer begeistert war, diese in den allermeisten Fällen aber dann dankbar übernahm.

Bei vielen Kapiteln durfte ich mich auf das Wissen von überaus kompetenten Fachpersonen abstützen und ihnen ebenfalls die Texte zur kritischen Durchsicht übergeben. Für die Zeit, die sie mir und diesem Buch bereitwillig gewidmet haben, danke ich bestens. Über diese fachliche Nachkontrolle war ich sehr froh. Es handelt sich in der Reihenfolge der Kapitel um Bruno Messerli von der Uni Bern und Meinrad Küttel vom BUWAL beim Kapitel zur – in jeder Beziehung – turbulenten Entstehungsgeschichte des Welterbes, um Jürg Meyer vom SAC beim Kapitel zur Geologie, der mir mit seinen Buchtipps die geologischen Vorgänge der Alpenentstehung näher brachte, um Andreas Bauder von der ETHZ beim Kapitel über die Gletscher und Gletscherforschung, um Arthur Fibicher aus Sitten, der mir in liebenswürdiger Weise die erste urkundliche Erwähnung des Namens Aletsch im Staatsarchiv Wallis herausgesucht hat, und beim selben Kapitel um Hanspeter Holzhauser von der Uni Zürich mit seinem unglaublichen Wissen zur Naturgeschichte des Aletschgletschers. Schliesslich um Laudo Albrecht vom Pro Natura Zentrum Aletsch, der sich trotz knappstem Zeitbudget um das ganze dritte Kapitel gekümmert hat, um Elias Landolt von der ETHZ, der mit seinem souveränen Wissen das Kapitel über die Gebirgspflanzen bereichert hat, um Jürg P. Müller vom Bündner Naturmuseum für seine kritischen und auch witzigen Kommentare zum Kapitel über Alpentiere, um Matthias Baltisberger von der ETHZ für die Anregungen im Kapitel zur Walliser Felsensteppe (wir werden darauf ein Glas Wein trinken!), um Peter Wenger von den Jungfraubahnen für die Bereitstellung einer ausführlichen Dokumentation fürs fünfte Kapitel und schliesslich um die liebenswürdige Louise Wilson und um Erwin Flückiger für ihre Informationen zur Hochalpinen Forschungsstation Jungfraujoch.

Von vielen anderen Menschen durfte ich bei der Arbeit zu diesem Buch viele Anregungen, Tipps und Informationen entgegennehmen. Für dies und die Zeit, die sie mir geschenkt haben, danke ich bestens. Natürlich ebenfalls allen Sponsoren, insbesondere den Gemeinden im Welterbe-Gebiet.

Zum Schluss möchte ich dem Grafiker Felix Pfammatter vom Rotten Verlag ganz herzlich danken. Die Zusammenarbeit mit ihm war sehr angenehm und professionell. Seine Distanz zu den Dingen und sein trockener Humor haben nicht nur einmal zur Erheiterung beigetragen. Danke an alle!

*Vorsatzblatt
Eingeschneite Gletscherspalten zeichnen interessante Muster in die Winterlandschaft. Eggishorn, Aletschgletscher.*

*Seite 1
Das Herbstlaub von Birken bringt Farbe in die kahle Felslandschaft am Grünsee. Die Schlucht im Hintergrund verbirgt das Zungenende des Aletschgletschers.*

*Seite 2/3
Ein Nebelloch erlaubt einen kurzen Blick auf die Gipfelpyramide des Bietschhorns.*

*Seite 4/5
Der zurückweichende Baltschiedergletscher gibt am Fuss des Bietschhorns glatt geschliffene Granitplatten frei.*

*Seite 6/7
Im Bauch eines Gletschers wird eine eigene Stimmung wach. Oberaletschgletscher.*

*Seite 152/153
Eine weite Gletscherlandschaft breitet sich auf dem Konkordiaplatz in alle Himmelsrichtungen aus. Das Eis ist hier über 1000 Meter dick.*

*Seite 160
30. Mai 2002, kurz vor 21.00 Uhr. Die Sonne geht über dem Thunersee unter. Auf dem Gipfel des Mönchs löse ich die Kamera aus.*

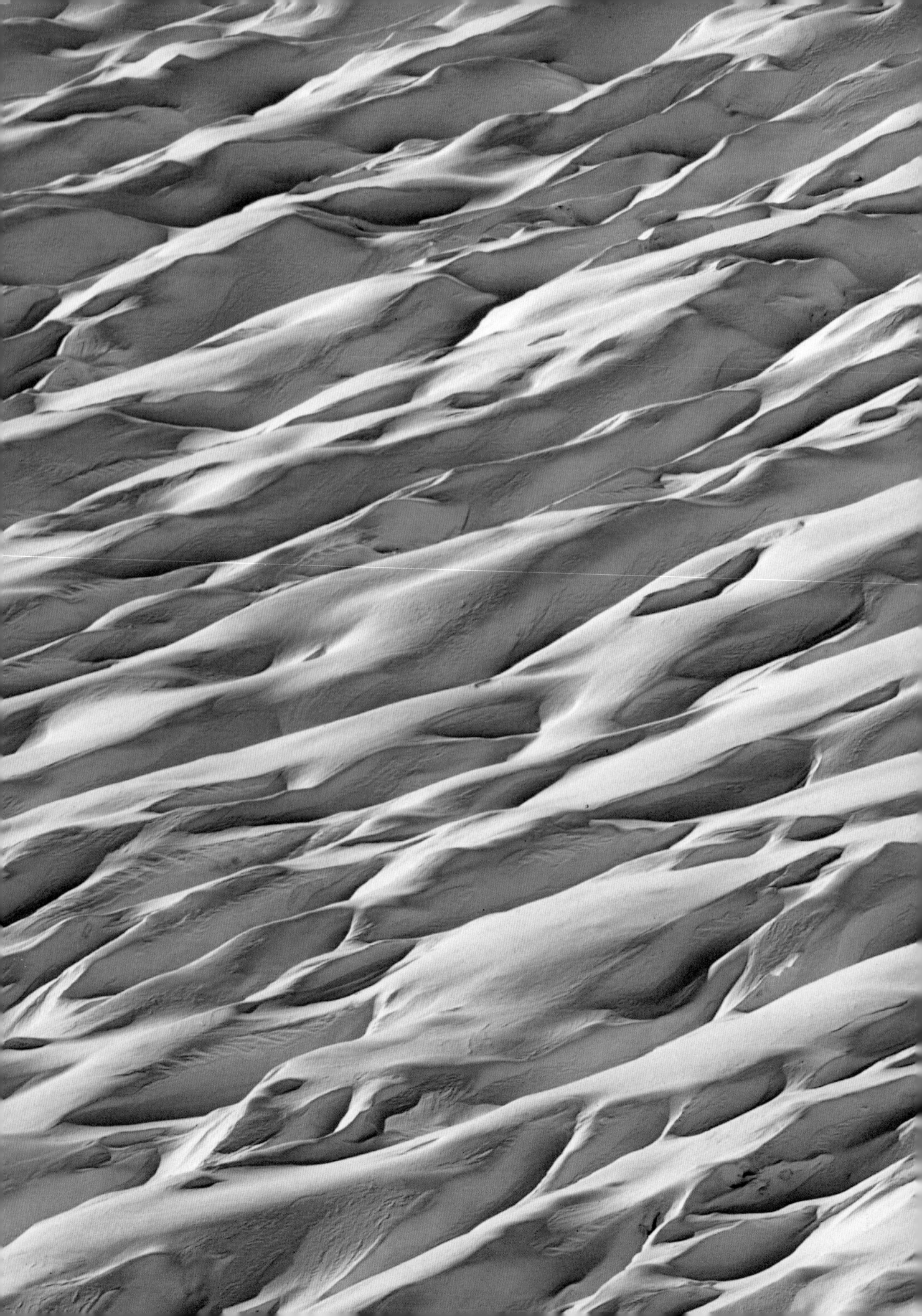